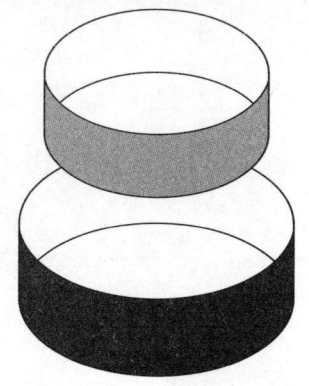

U0782807

手把手教你做
成本管控

周野——编著

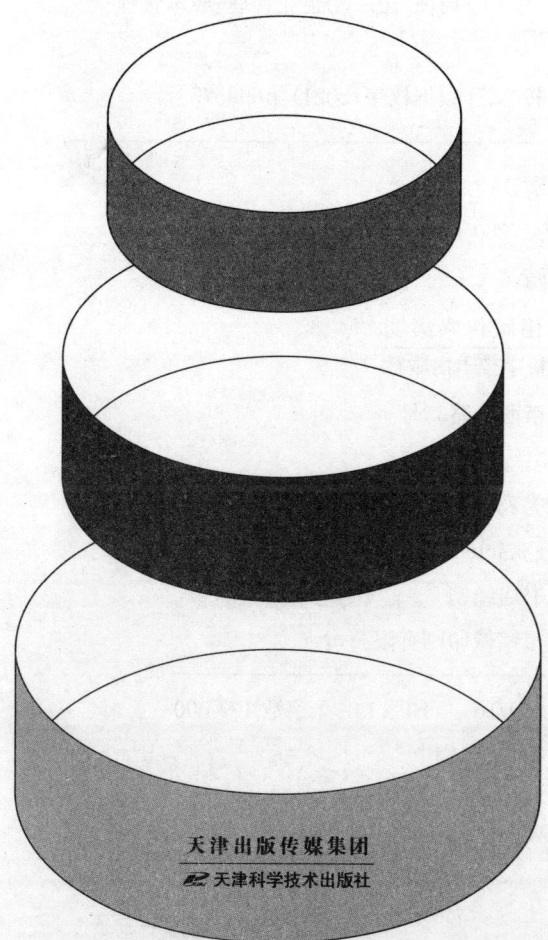

天津出版传媒集团

天津科学技术出版社

图书在版编目（CIP）数据

手把手教你做成本管控 / 周野编著. -- 天津 ：天津科学技术出版社，2021.7

ISBN 978-7-5576-9334-3

Ⅰ．①手… Ⅱ．①周… Ⅲ．①企业管理-成本管理 Ⅳ．①F275.3

中国版本图书馆CIP数据核字（2021）第099575号

手把手教你做成本管控

SHOUBASHOU JIAONI ZUO CHENGBEN GUANKONG

责任编辑：张　婧

出　版：	天津出版传媒集团
	天津科学技术出版社
地　址：	天津市西康路35号
邮　编：	300051
电　话：	（022）23332695
网　址：	www.tjkjcbs.com.cn
发　行：	新华书店经销
印　刷：	唐山市铭诚印刷有限公司

开本 670×950　1/16　印张14　字数 173 000

2021年7月第1版第1次印刷

定价：46.00元

前言

　　人力资源部门作为企业的关键部门，为企业的招人、选人、育人、留人提供了重要的支持。在进行招人、选人、育人、留人工作的过程中，每一步都要借助一定的资金成本、时间成本等来实现。因此，人力资源部门被片面地认为是企业的一个支出部门，不为企业的生产经营创造直接利益。

　　实际上，人力资源部门在企业中发挥着重要的价值，除了为企业招人、选人、育人、留人之外，还能通过有效的人力资源成本管控降低企业的人力资源成本，为企业节约可观的用人成本，有助于企业利益的积累，提升企业的价值。

　　人力资源成本，也称为人力成本，指企业在一段时期内，在从事生产经营和提供劳务的活动中，为了获得、开发、使用和保留所需要的人力资源而产生的所有直接或间接费用的总和。

　　在当下，用工模式越来越规范，用工成本也逐步增加，所以，对于人力资源部门而言，要全面地认识人力资源管理工作环节中的成本，并根据各类成本的性质对其进行有效的分析与化解，尽可能地把人力资源成本降到最低，帮助企业及个人获益。

　　管控人力资源成本不是轻而易举就能实现的工作。作为一名优秀的HR

（Human Resources，人力资源，简称HR，可以指对企业员工进行选拔、使用、培养、考核、奖惩等一系列管理活动，也可以指相关职位和相关从业人员，本书中出现的HR，指相关从业人员），除了要具备专业的知识之外，还要对财务知识有一定的了解，这样才能更好地认识和理解与人力资源相关的成本，找准控制成本的关键点。所以，在当下，HR的工作已经不是为企业招人这么简单了，而是站在管理者的视角，融合财务知识与岗位职责，在做好本职工作的同时，寻求最优化的人力资源管理路径，来有效管控人力资源成本。

本书依据人力资源管理工作的路径，融合财务管理的思维及财务管理知识，将人力资源管理过程中的各项成本进行了罗列，让读者能够更直观地认识人力资源成本及人力资源成本管控的重要性。同时，本书给出的管控人力资源成本的一些方法，能够帮助HR认识并处理人力资源管理工作环节中的各类成本，为企业的成本节约做出贡献。

目录

第1章

资深HR带你认识成本管控

1.1　HR的成本管控对象　/ 002

1.2　透过冰山模型，深度认识人力资源成本　/ 006

1.3　不同的用工模式，对应不同的人力资源成本　/ 009

1.4　人力资源成本管控的基本步骤与分析指标　/ 014

【HR说】人力资源法律成本管控方法　/ 021

第2章

财务视角的人力资源成本认知

2.1　HR财务思维的养成——阅读财务报表　/ 024

2.2　通过会计科目，认识人力资源成本的另一面　/ 035

2.3　强化财务思维，提升HR的业务参与能力　/ 042

2.4　与人力资源有关的三张报表　/ 048

【HR说】从成本出发的用工管理新挑战　/ 061

第3章 ⬤━━━━━━⬤
全面预算管理下的人力资源成本预算编制

3.1　理解全面预算，打好人力资源成本预算编制基础　/　064

3.2　通过预算编制流程，理解全面预算管理思路　/　068

3.3　根据"三定"关系，做人力资源编制计划　/　070

3.4　了解薪酬策略，编制薪酬调整计划和预算　/　075

3.5　明确成本项目，编制招聘计划和预算　/　081

3.6　确定培训需求，编制培训计划和预算　/　085

【HR说】与人力资源成本管理相关的财务管理规定　/　088

第4章 ⬤━━━━━━⬤
人力资源管理体系构建层面的成本管控

4.1　组织机构设计层面的人力资源成本管控　/　090

4.2　完善系统化制度建设，规范人力资源成本管控　/　094

4.3　优化流程，提高人力资源成本管控效率　/　097

4.4　从组织结构类型入手，找准成本管控的切入点　/　100

4.5　精简岗位设置，降低企业人力资源成本　/　107

4.6　合理确定岗位编制，节约用人成本　/　113

【HR说】弹性制岗位编制的保持　/　117

第5章
招聘录用过程中的成本管控

5.1　从预防入手，做好招聘前的人力资源成本管控 / 120

5.2　以提高效率为准，管控招聘中的人力资源成本 / 124

5.3　做好复盘，分析招聘选拔后的成本费用 / 127

5.4　企业招聘录用过程中要注意的法律成本 / 131

【HR说】优化招聘环节，降低人力资源成本 / 139

第6章
员工培训与评估过程中的成本管控

6.1　培训准备阶段的人力资源成本管控 / 142

6.2　培训实施过程中的人力资源成本管控 / 145

6.3　如何在培训评估方面管控人力资源成本 / 148

6.4　培训要注意的法律成本 / 150

【HR说】与时俱进的员工培训方法实现成本管控 / 155

第7章
薪酬绩效设计层面的成本管控

7.1　在法律层面，认识工资种类 / 158

7.2　薪酬策略对人力资源成本管控的作用 / 166

7.3　基于绩效策略，有效管理降低人力资源成本 / 170

7.4 在职员工的一些薪酬福利管控 / 174

7.5 HR在社会保险层面的成本认知 / 179

7.6 针对特殊员工的薪酬福利管控 / 185

【HR说】高管薪酬结构的管控 / 189

第8章 ●━━━━━●
有效的人才保留措施降低人力资源成本

8.1 人才保留思维，减少人才流失 / 192

8.2 利用储备人才库，为企业留住外部人力资源 / 194

8.3 防范员工离职带来的潜在风险 / 197

【HR说】HR在离职率和人才保留方面的抉择 / 201

第9章 ●━━━━━●
人力资源成本管控策略

9.1 组合用工方式抑制人力资源成本 / 204

9.2 提升人力资源素质，构建人力资源素质模型 / 206

9.3 审时度势，合理裁员降低人力资源成本 / 209

9.4 制度跟进，构建人力资源管理制度体系 / 212

【HR说】从企业内部开发人才，实现成本管控 / 215

第1章

资深HR带你认识
成本管控

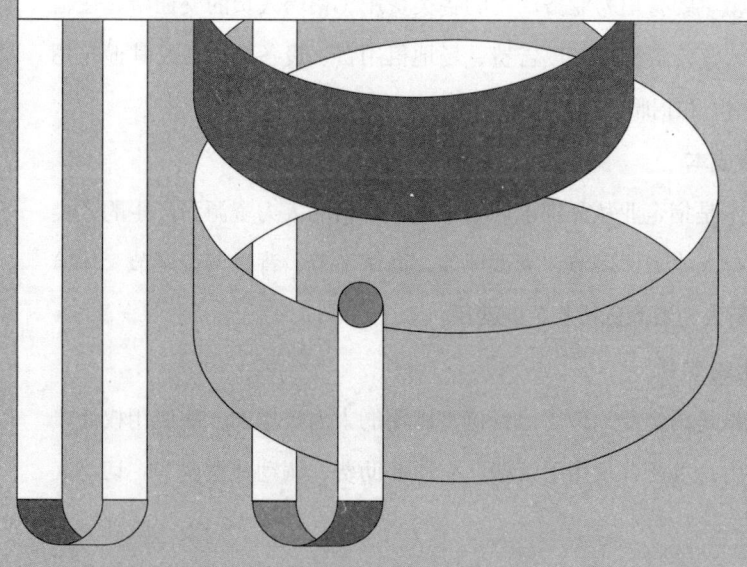

人力资源成本也就是人力成本，指企业在维持正常的生产经营或者提供劳务的过程中，获取、开发、使用、保留人力资源而花费的成本，这些成本既有直接成本，即显性成本，是比较容易计算出来的成本；也有间接成本，即隐性成本，是较难准确计算出来的成本。

1.1　HR的成本管控对象

每位HR在做人力资源成本管控时，都要先明确人力资源成本的四大构成要素，即获取成本、开发成本、使用成本、保留成本。这四大人力资源成本要素，对应着企业人力资源管理工作中的选人、育人、用人与留人四大环节。

1.1.1　认识人力资源获取成本

人力资源获取成本，是指企业在招聘录用新员工的过程中发生的各项成本。具体来说，这些成本费用主要分布在人力资源的招聘、选拔、录用和安置四个环节。

1. 招聘成本

招聘成本是指企业为了吸引和确定企业需要的内外部人力资源而产生的各类费用，主要有招聘业务产生的各类费用（招聘人员的交通费、住宿费、餐饮费、宣传资料费、广告费、场地租用费、设备使用费及其他与招聘相关的费用）和招聘人员的劳动费用。

2. 选拔成本

选拔成本是指企业从外部求职者中选拔合格的人力资源而产生的各类费用，主要有人才测评环节、笔试环节、面试环节、背景调查环节、体检环节等一切与人力资源选拔相关的费用。

3. 录用成本

录用成本是指企业为取得已经确定聘用的人力资源的合法使用权而产生的各类费用，主要有录用手续费、交通补助费、调动补偿费等一切与人力资源录用过程相关的费用。

4. 安置成本

安置成本是指企业将录用的人力资源安置到某个岗位的过程中产生的各类费用，主要有人力资源部安置人员所损失的时间成本等。

1.1.2 认识人力资源开发成本

人力资源开发成本，是指企业为了提高员工的工作效率，对员工的素质、知识、能力等进行提升所花费的成本费用。一般是指员工的岗前培训、在岗培训、脱岗培训等成本费用。

1. 岗前培训成本

岗前培训成本是指企业为了让新员工在正式上岗前，掌握企业的规章制度、工作流程、设备操作、工作环境、产品特性等相关信息所产生的成本，主要有新员工培训需要付出的资料费用、设备使用或折旧费用、新员工的劳动费用，以及负责新员工培训工作人员的劳动费用等。

2. 在岗培训成本

在岗培训成本是指企业为了让在岗员工的素质、知识、能力能够与时俱进，以更好地完成岗位工作，而对在岗员工进行短期（一般持续时间<一个月）培训所产生的成本，主要有对在岗员工培训期间提供的资料费用、设备使用费用或折旧费用、员工接受培训期间的劳动费用，以及负责在岗员工培训工作人员的劳动费用等。

3. 脱岗培训成本

脱岗培训成本是指企业根据需要（一般是为了培养高层管理人员和专业技术人员），允许员工脱离工作岗位接受较长期限（一般一次持续时间>一个月）培训而产生的成本，主要有脱岗培训费用、员工离岗企业需要付出的员工劳动费用，以及岗位空缺产生的损失。

1.1.3 认识人力资源使用成本

人力资源使用成本，是指企业使用员工而产生的费用。员工薪酬就是企业使用人力资源的一种成本。此外，与薪酬相关的各种费用也属于人力资源使用成本。人力资源使用成本可分为维持成本、奖励成本、调剂成本和保障成本。

1. 维持成本

维持成本是指企业为了保持员工的生产和再生产需要花费的费用，这是员工的劳动报酬，主要有计时工资、计件工资、岗位津贴、法定加班费、各类福利费用、劳动保护费、社会保险费、住房公积金费用、年终分红、住房费用、工会费用、保密费用等维持在岗员工工作所需要付出的成本。

2. 奖励成本

奖励成本是指企业为了鼓励员工的劳动成果，激励员工的积极性，促使员工更好地完成绩效，为企业创造更大的价值，对其为企业做出的贡献所支付的奖金，主要有超产奖励、超额绩效奖励、变革创新奖励、合理化奖励、优秀表彰奖励、特殊贡献奖励等。

3. 调剂成本

调剂成本是指企业为了调剂员工工作和生活节奏、调节员工的工作情绪、增加员工的凝聚力、消除员工的疲劳、稳定员工队伍所产生的费用，主要有员工业余活动费用、员工文体活动费用、员工定期休假费用、改善员工工作环境费用、员工疗养费用等。

4. 保障成本

保障成本是指企业因为工作原因（工伤或职业病）或工作以外的原因（疾病、生育、受伤害等）而引起员工的身心健康问题，企业需要承担的经济补偿费用，主要有员工工伤工资、员工患职业病工资、医药费、残疾补贴、丧葬费、员工缺勤损失等。

1.1.4　认识人力资源保留成本

人力资源保留成本主要体现为员工离职成本。当员工离开企业时，企业需要付出一定的成本，主要有企业需要支付给员工的离职津贴、因为一些原因需要支付一定时期的生活费用，以及因员工离职对岗位造成的损失等。员工离职成本有离职管理成本、离职补偿成本、离职前低效成本和岗位空缺成本。

1. 离职管理成本

离职管理成本是指企业办理员工离职手续的相关工作人员，为处理员工离职的事务而产生的全部费用，主要有办理员工离职手续相关员工的劳动费用、与办理员工离职手续相关的资料费用及需要承担的交通费用等。

2. 离职补偿成本

离职补偿成本是指企业因为员工离职需要支付给离职员工的各项费用，主要有离职人员的安置费用、一次性支付员工的离职金等。

3. 离职前低效成本

离职前低效成本是指员工从决定离职到离开企业之前，由于心态和行为的变化，造成生产效率较以前降低而造成的损失，以及该员工离职使企业其他员工情绪和行为受到影响而出现的生产效率降低造成的损失。

4. 岗位空缺成本

岗位空缺成本是指员工离职后，在企业找到接任者补充到该岗位之前，岗位空缺给企业造成的损失，以及由于该岗位补充的接任者能力或经验不足，造成的生产效率不及原岗位水平而给企业带来的损失。

以上企业人力资源成本管控的对象，存在于人力资源管理工作的各个环节中，清晰、准确地认识这些人力资源成本，才能更有效地进行人力资源成本管控。

1.2 透过冰山模型，深度认识人力资源成本

在了解人力资源成本构成要素的基础上，再通过人力资源成本的冰山模型，对人力资源成本进行更深层次的认识，有助于HR认识和了解人力资源成本，以及对人力资源成本进行更有效的管控。

1.2.1 人力资源成本的冰山模型

实际上，人力资源成本可以看作是一座冰山，最容易看到的是浮在水面上的部分，但这部分往往不代表实际的人力资源成本；至于水面下巨大的"冰山"底座，往往最容易被忽略。

要想成为一名人力资源成本的管控能手，HR必须全面认识人力资源成本，更完整地计算人力资源成本，也就是将显性的人力资源成本（浮出"水面"的成本）和隐性的人力资源成本（隐藏在"水面"下的那些成本）能够综合考虑。当然，这种层面的人力资源成本管控有一定的难度，我们通过人力资源成本的冰山模型（图1-1）来进一步认识人力资源成本。

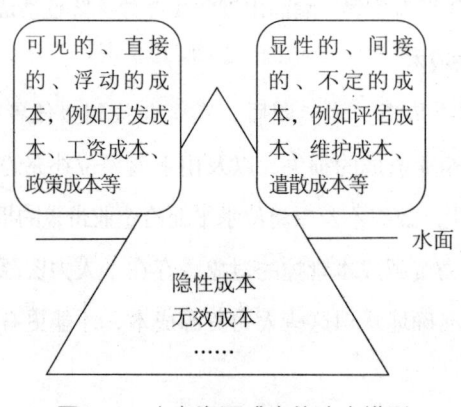

图1-1 人力资源成本的冰山模型

在水面之上，可以看见的人力资源成本冰山部分，是繁多且复杂的显性人力资源成本；在水面之下，看不见的人力资源成本冰山部分，是巨大的隐性人力资源成本。这就说明，在人力资源成本的管控工作中，HR除了要管控显性的成本要素，还有庞大的隐性成本亟须管控。

这也不难理解，一般在企业的经营过程中，都会通过控制员工的显性因素来调配和生产各种物质资源和信息资源。而到了成本核算环节，往往根据物质资源及信息资源的损耗来计算成本，却忽视了这一生产经营过程中为控制员工而产生的成本。

企业为了保持正常的生产经营，必须投入必要的成本（工资、福利等）来管理员工。除了这些明显的成本，潜在的人才流失、人才浪费等，成了企业必须要承担的隐性成本，这些隐性成本对企业来说同样是巨大的成本管理挑战。

1.2.2　冰山模型下的人力资源成本划分

为了深度认识和管理人力资源成本，我们需要对人力资源成本进行更精细的划分。

1. 管控过程层面的人力资源成本划分

按照人力资源成本管控的过程，可以将人力资源成本划分为管理体系构建成本、人力取得成本、人力维护成本、人力激励成本、人力发展成本、人力遣散成本。这些成本与HR的工作紧密相关，所以比较容易理解。

2. 形式分类下的人力资源成本

依据成本的形式，可以将人力资源成本划分为固定人力资源成本、变动人力资源成本、无效人力资源成本和有效人力资源成本。

（1）固定人力资源成本：不随产品或服务的增加而增加的人力成本。依据岗位的不同，固定人力资源成本可以分为基本固定人力资源成本和相对固定人力资源成本。

①基本固定人力资源成本，即针对高管、主要职能负责人等固定岗位（总经理、财务主管等）的人力资源成本。

②相对固定人力资源成本，即针对为加强内部职能或内部服务而增加岗位（培训师、质量分析员等）的人力资源成本。

（2）变动人力资源成本：随着产品或服务增加而增加的成本。根据变动形式可以分为直接变动人力资源成本和间接变动人力资源成本。

①直接变动人力资源成本，即以工时或工作量为主的岗位人力资源成本，它会随着岗位人员的数量而增减变动。

②间接变动人力资源成本，即随着产品或服务直接变动而必须增加的人力资源成本（例如随着企业产量的增加，招聘员工数量的增多，必须增加的班组长职位）。

（3）无效人力资源成本：不能为产品或服务增值的人力成本。无效成本的增加不会带来产量或质量上的提高，因而无效人力资源成本是每一位HR都必须尽力控制的成本。无效人力资源成本可分为四类：不需要的职能、工作或程序所用到的人员的成本，需要但工作量不饱和的富余人员的成本，成本投入与绩效产出比较低的人员的成本，遣散费用、招聘费用、工伤费用。

无效成本会造成企业额外的成本支出，但是无效成本又不能完全消除，所以HR要做的就是尽可能地控制无效成本。

（4）有效人力资源成本：能为产品或服务直接增值的人力成本。一般地，有效成本和无效成本是同时存在的，且两者之间可以相互转化。那么HR就要根据企业的需求，对人力成本进行有效管控，把无效成本降到最低。

1.3　不同的用工模式，对应不同的人力资源成本

人力资源成本管控就是针对企业与人相关的各项成本进行管控。对于一家企业来说，为了降低用工风险，企业的用工模式可以是多种多样的：全日制用工模式、非全日制用工模式、劳务派遣用工模式、劳务用工模式、劳务外包模式。不同的用工模式对应着不同的人力资源成本。

1.3.1　全日制用工模式下的人力资源成本

全日制用工也称为标准工时制。在《中华人民共和国劳动法》（以下简称《劳动法》）第三十六条中有以下规定。

第三十六条　国家实行劳动者每日工作时间不超过八小时、平均每周工作时间不超过四十四小时的工时制度。

这种标准工时制度下的用工，就是全日制用工模式。全日制用工模式是最有主导性和最普遍的一种用工模式。同时，全日制用工也是成本最高的一种用工模式。全日制用工模式下的成本可以分为合法用工成本和违法用工成本，见表1-1。

表1-1　全日制用工模式下的用工成本

用工成本	具体内容
合法用工成本	工资，社保，加班费，经济补偿金，招聘费用，培训费用，工伤赔偿费用，患病及非因公伤亡补助金，竞业限制补偿金，工服及劳动保护费用，年假成本，工会经费，高温补贴，餐补、通信补助、交通补助等，劳动争议仲裁及诉讼费用，其他

（续表）

用工成本	具体内容
违法用工成本	未签订劳动合同的两倍工资，未签订无固定期限劳动合同赔偿金，违法约定试用期赔偿金，低于当地最低工资标准支付工资加罚赔偿金，拖欠工资加罚赔偿金，安排加班不支付加班费加罚赔偿金，未及时缴纳社保滞纳金、罚款，骗取社保基金的罚款，拖欠经济补偿金的加罚款，违法解除劳动关系赔偿金，违法设置企业规章制度赔偿责任，未记载劳动合同必备条款的赔偿责任，违法收取押金、财务赔偿责任，违法用工赔偿责任，违法解除劳动关系证明赔偿金，违法设置工资制度的行政罚款及赔偿责任

在全日制用工模式下，企业需要付出的人力资源成本是比较高的。当企业在实行全日制用工模式时，一般会以企业的利益最大化为衡量依据，来对比合法用工成本与违法用工成本之间的差距。但是，无论企业出于什么意图，都应该建立健全的用工制度，严格依法用工。

1.3.2　非全日制用工模式下的人力资源成本

非全日制用工模式也就是通常所说的小时工，这也是一种灵活就业的重要模式。在《中华人民共和国劳动合同法》（以下简称《劳动合同法》）的第六十八条中有以下规定。

第六十八条　非全日制用工，是指以小时计酬为主，劳动者在同一用人单位一般平均每日工作时间不超过四小时，每周工作时间累计不超过二十四小时的用工形式。

非全日制用工模式的优点，见表1-2。

表1-2　非全日制用工模式的优点

优点	具体表现
用工成本较低	根据实际的用工模式，可以发现，除一些高端的人才岗位外，大部分非全日制岗位主要集中在保洁、包装、服务等普通技能岗位，而且小时工资一般是依据当地最低小时工资的标准进行设置的
用工形式灵活	非全日制用工的工作时间一般较短，员工与企业都是为了追求短期利益确认劳动关系。这种劳动关系更倾向于提供劳动与支付报酬的"交易性"特征，双方羁绊关系少，自由度高，劳动者可以在多家单位提供劳动
法律规制宽松	非全日制用工可以口头订立协议，双方当事人任何一方都可以随时通知对方终止用工。终止用工，用人单位不向劳动者支付经济补偿

非全日制用工模式虽然具有诸多优点，但是用人单位与劳动者确立非全日制用工劳动关系时，需要注意以下事项。

（1）劳动者每天工作时间不能超过4小时，每周工作时间不得超过24小时。

（2）非全日制用工双方当事人不得约定试用期。

（3）企业要承担员工发生工伤的赔偿责任。

（4）劳动报酬结算支付周期最长不得超过15日。

（5）劳动者小时工资不得低于当地最低小时工资。

1.3.3　劳务派遣用工模式下的人力资源成本

说到劳务派遣用工模式，就不得不了解一下劳务派遣。劳务派遣又称人才派遣、人才租赁、劳动派遣、劳动力租赁等，它是指由劳务派遣单位与被派遣员工之间订立劳动合同，劳务派遣单位将被派遣员工派至实际用人单位，由被派遣员工向实际用人单位提供劳动。

劳务派遣用工模式下的劳动合同关系存在于劳务派遣机构与被派遣员工之间，用工的事实发生于被派遣员工与实际用人单位之间。

劳务派遣用工模式的优点，见表1-3。

表1-3 劳务派遣用工模式的优点

优点	具体表现
降低招工费用	劳务派遣单位化零为整，有自己的人才储备和招录渠道，相对于用人单位零散的、不定时的招录员工，劳务派遣单位在这方面相对更专业，因而招聘成本更低
降低员工使用成本	因为劳务派遣员工的劳动合同在劳务派遣单位，一般由劳务派遣单位为员工提供社保等使用成本，这可以有效降低用工单位支付的被派遣员工的使用成本
用人方式比较灵活	在劳务派遣用工模式下，用人单位可以根据双方的约定将劳务派遣人员退回，而不需要承担解除劳动关系的法律责任
规避一定的用工风险和责任	用人单位虽然依法与劳务派遣单位对劳务派遣员工承担连带责任，但双方可以在劳务派遣协议中分担双方的责任
有利于用人单位后备员工的筛选	一些用人单位在招聘员工时，先通过劳务派遣公司将其录用，在员工就职期间，当用人单位发现员工符合本单位的用人需求时，会将其转为单位的正式员工
其他方面的一些用工成本降低	在一些跨地区的劳务派遣过程中，由于各地的社会保险缴费标准不同，因此跨地区的劳务派遣能在一定程度上节约单位的社会保险成本

不过，劳务派遣并不适合所有的用人单位。此外，使用劳务派遣用工模式时，在一定程度上不利于增强企业的凝聚力以及企业的管理。因此，在使用劳务派遣用工模式时，应该注意以下几点。

（1）企业只能在临时性、辅助性和替代性的岗位使用劳务派遣人员。

（2）企业应当根据工作岗位的需要确定劳务派遣的期限，不能将连续用工期限分割订立数个短期劳务派遣协议。

（3）不得向派遣人员收取费用。

（4）不得将派遣人员再次派遣到其他用人单位。

（5）不得向本单位或者所属单位派遣人员。

企业选择劳务派遣用工模式时，一定要选择有劳务派遣资质的单位合作。一般来说，从事劳务派遣需要满足三个条件：单位的注册资金在50万元以上；必须是依据我国公司法注册成立的有限责任公司或股份有限公司，个体、个人独资企业、集体企业等均不可；必须取得行政主管部门的许可。

1.3.4　劳务用工模式下的人力资源成本

劳务用工也是一种较为普遍的用工模式，在劳务用工模式下，企业可以有效降低招聘、缴纳社会保险、处理工伤事故、劳动争议等方面的负担与法律风险及责任，从而为企业赢得时间，集中精力于企业的关键事务。

劳务用工关系不受劳动法调整影响，企业与员工之间不再是劳动关系，而是民事关系。因此，对于企业来说，不需要购买社保，没有最低工资的要求，加班及雇佣期限都不受法律调整影响。所以，采用劳务用工模式可以在一定程度上有效降低企业的人力成本。

一般企业采用劳务用工模式时，会面临以下成本。

（1）劳务人员的劳务费和单位依法应承担的社会保险费用。

（2）劳务人员在雇用活动中所发生的医疗、伤害以及女性生育等费用。这里要明确：劳务人员在聘用期间，但不是在雇用活动中发生的医疗、伤害以及女性生育等费用，用人单位无须承担。

1.3.5　劳务外包模式下的人力资源成本

劳务外包可以通俗地理解为企业将自己人力资源管理工作的一部分或全部外包给专业服务机构的一种用工模式。这样，企业就可以将自己的主要精力集中在核心环节与业务中，不断增强企业的核心竞争力。

劳务外包存在两种形式：生产外包和岗位外包。

1. 生产外包

生产外包也称制造外包，也可以理解为业务外包，是指企业将自己的某部分生产环节（一般是指企业的一些非核心业务）委托给外部优秀的专业化资源，来达到降低成本、分散风险、提高效率、增强竞争力的目的。

对于制造业企业来说，必要的生产外包反而更有利于企业的高效发展，这种与外部企业的合作运营模式，能很好地节约企业的资源和人力。专业的生产外包服务商可以为企业带来以下优势。

（1）降低人员管理成本。专业的外包服务商能通过更专业的机制来管理员工，它的工作流程、管理考核、员工招聘选拔与培养都能按照专业的方式与步骤操作。

（2）人员专业且用工灵活。专业的生产外包服务商具备充足的相关专业技术人力资源，而且这些人力资源经常具有一定的弹性，可以随着企业用工量的变动适时调动，这可以很好地节约人力成本和保证员工收入。

2. 岗位外包

岗位外包指用工单位将某类岗位的人力资源管理工作全部外包给第三方人力资源服务机构，而用工单位只负责用工。岗位外包模式中的员工的劳动关系存在于第三方人力资源服务机构，只是将工作地点设在了用工单位，并接受用工单位的管理。

岗位外包的主要优势是可以解决企业的弹性用工需求，能够让企业有效解决流动性比较大、管理难度比较大、专业性比较强，或大量临时性、项目性用工需求。可以看出，岗位外包简化了企业的用工程序，减少了企业的一些用工成本，同时也降低了企业的用工风险，减轻了人力资源管理部门的管理压力。

1.4 人力资源成本管控的基本步骤与分析指标

在认识了人力资源成本及不同用工模式下的人力资源成本后，我们就要了解在具体的人力资源成本管控流程中，到底要经过哪些步骤，才能实现人力资源成本的有效管控。同时，有哪些指标可以用来分析人力资源成本，以帮助HR确定企业基本的人力资源成本管控状况。

1.4.1 人力资源成本管控的六个基本步骤

一般来说，人力资源成本管控流程分为六个基本的步骤，如图1-2所示，分别是人力资源成本预测、人力资源成本决策、人力资源成本计划、人力资源成本核算、人力资源成本分析、人力资源成本考核。

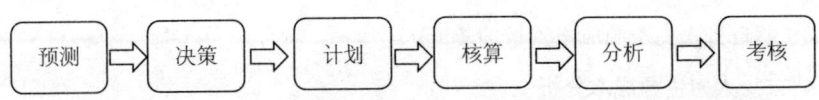

图1-2 人力资源成本管控的六个基本步骤

1. 人力资源成本预测

人力资源成本预测是指根据企业历史的人力成本统计数据，结合最新的市场调查，同时在对企业内外部环境因素研究的基础上，运用专业的方法对企业一定时期内的人力资源成本目标或变化趋势进行科学的评估。人力资源成本预测，可以有效地避免主观臆测对人力资源成本管控造成误导。

2. 人力资源成本决策

人力资源成本决策是指按照既定的成本管控目标，在充分收集信息的基础上，运用科学的方法，对可控因素与不可控因素进行区分，然后在分析成本和比较结果的基础上，对分析方案中的限制条件（约束条件）进行分析，从而在多种人力资源成本管控方案中选出最佳的方案。人力资源成本决策是人力资源成本管控的核心，它的最终目标是提高企业的效益。

3. 人力资源成本计划

人力资源成本计划是在人力资源成本预测和人力资源成本决策的基础

上，通过"自上而下"和"自下而上"两种路径来调动企业相关部门的积极性，从而汇编成可操作的人力资源成本管控计划。人力资源成本计划有一定的权威性，需要严格地执行，应尽可能地避免随意改动，因为这是企业绩效考核的重要依据。

4. 人力资源成本核算

人力资源成本核算是指通过对人力资源成本的记录、测算、确认等一系列环节，确认人力资源成本的控制结果。通过人力资源成本核算过程，可以为企业人力资源成本管控的各个环节提供准确的信息，从而让企业准确了解自身人力资源成本管控的质量。

5. 人力资源成本分析

人力资源成本分析是指运用人力资源成本核算过程中提供的数据信息，通过比较和关联分析，对人力资源成本管控目标的完成情况、人力资源成本计划的实施目标、人力资源成本的责任落实情况做出评价、得出结论的过程。人力资源成本分析是找到人力资源成本目标、计划实施差距的关键因素，能够帮助企业有效地积累人力资源成本管控经验，以及找到降低人力资源成本的有效途径。

6. 人力资源成本考核

人力资源成本考核是指落实人力资源成本管控的部门责任与岗位责任的过程，即将人力资源成本的实际完成情况和人力资源成本承担的责任情况进行对比分析、考核评价。通过人力资源成本考核，企业能够对人力资源成本管控质量实施赏优罚劣，以稳定和提高各责任人的积极性，进一步提升企业的人力资源成本管控质量。

1.4.2 分析人力资源成本的一些常用指标

在具体人力资源成本管控中，一般会用一些指标对人力资源成本进行分析。这些人力资源成本分析指标可以分为额度指标和比率指标两类。

1. 人力资源成本分析额度指标

人力资源成本分析额度指标有人力成本总金额、人力成本各组成要素的金额，以及人均人力成本额、单位时间人力成本额、单位产品人力成本额等。

（1）人均人力成本额，指企业一段时间内全部的人力成本平均分配到每一名员工身上后，平均每名员工的人力成本额，分别用以下公式表示。

某时期人均人力成本额＝某时期人力成本总额÷某时期平均从业人数

人均人力成本额反映企业在某一时期内，每聘用一名员工需要负担的人力成本水平。类似的，还可以计算出企业某时期的人均人力资源开发成本、人均人力资源使用成本，分别用以下公式表示。

某时期人均人力资源开发成本＝某时期人力资源开发成本总额÷某时期平均从业人数

某时期人均人力资源使用成本＝某时期人力资源使用成本总额÷某时期平均从业人数

（2）单位时间人力成本额，指企业一段时间内全部人力成本平均分派到每个单位时间后，每个单位时间（常用的单位时间是小时或者天）的人力成本额，用以下公式表示。

某时期单位时间人力成本额＝某时期人力成本总额÷该时期单位时间的份数

在此基础上，还可以计算出人均单位时间人力成本额，用以下公式表示。

某时期人均单位时间人力成本额=某时期人力成本总额÷某时期平均从业人数÷该时期单位时间的份数

例如，一家企业在某一个月的人均每小时人力成本额的计算如下。

某月人均每小时人力成本额=该月人力成本总额÷该月平均从业人数÷该月员工平均出勤小时数

（3）单位产品人力成本额，指企业一段时间内全部的人力成本平均分配到每个产品后，每个产品的人力成本额，用以下公式表示。

某时期单位产品人力成本额=某时期人力成本总额÷该时期完成的产品件数

类似的，由单位产品人力成本额的计算公式，还可以计算出产成品和半成品的单位产品人力成本额。

2. 人力资源成本分析比率指标

人力资源成本分析比率指标有人力成本费用率、人力成本占总成本的比率、人均劳动效率。

（1）人力成本费用率，是人力成本占销售收入（营业收入）的比重，用以下公式表示。

某时期的人力成本费用率=某时期人力成本总额÷某时期销售收入×100%

人力成本费用率是用来衡量人力成本投入与收益水平的指标，也用来衡量企业人力成本相对水平的高低程度。大多数企业在经营管理的过程中比较关注销售收入，有的企业也会关注增加值[①]，这时，就可以利用人力成本费用率的计算逻辑来计算人力成本占增加值的比率（该指标也被称为劳动分配率），用以下公式表示。

某时期人力成本占增加值的比率＝某时期人力成本总额÷某时期增加值×100%

人力成本是企业新创造价值的重要组成部分，是企业获取新创造价值和利润必须付出的代价，同时也是企业将一部分新创造的价值以直接或间接的方式在人力资源方面体现的全部支出。

（2）人力成本占总成本的比率，是人力成本在总成本中的占比情况，用以下公式表示。

某时期人力成本占总成本的比率＝某时期人力成本总额÷某时期总成本额×100%

人力成本占总成本的比率反映企业在某段时期的经营管理活动结束后，在人力资源方面付出的代价与企业经营管理活动付出的总体代价之间的关系。不过该指标不能单独使用，不能直接根据它的数值高低来判定企业人力资源管理水平的高低，当然，它也不能直接作为判断企业人力资源管理质量的依据。

在企业人力资源成本总额不变的情况下，企业采取手段降低了其他成本，这使得企业获得了更多的经济效益。这时人力成本占总成本的比率会上升，此时可以判定企业在其他成本管控方面的成本有所降低，但不能说

[①] 增加值，指企业在一段时期内，从事生产经营活动或者提供劳务的过程中新创造出来的价值，是企业必须统计并且上报给国家政府或者统计部门用来汇总计算国内生产总值（GDP）和国民生产总值（GNP）的基础数据。

明企业在管控人力成本方面的能力较差。

（3）人均劳动效率，是平均每个员工（人力资源）创造的销售收入，用以下公式表示。

某时期人均劳动效率＝某时期的销售收入总额÷某时期创造该销售收入的人员数量

人均劳动率可以反映员工为企业创造价值的能力，根据该指标的逻辑，还可以得出人均毛利额和人均利润额。

某时期人均毛利额＝某时期的毛利额÷某时期创造该毛利额的人员数量
某时期人均利润额＝某时期的利润额÷某时期创造该利润额的人员数量

【HR说】人力资源法律成本管控方法

在人力资源成本中，有一部分是法律成本。法律成本要么在实际的成本管控环节被忽视，要么缺乏有效的方法进行管控。在这里，我们就来了解一下人力资源法律成本的管控方法：忽略法、回避法、风险自留法、控制法和财务管理法。

1. 回避法

回避法是指面对风险因素，主动避开、回避损失发生的可能性，与风险因素相互隔离。

具体的操作层面就是放弃或者拒绝可能导致比较重大风险的经营活动或方案，或者改变生产活动的工作方法与工作地点来避开风险因素。依据回避法的指导可以在一定程度上消除风险隐患，但是这种方法有一定的局限性：人们难以准确预估具体的风险事件；即使存在风险，人们也不愿意放弃风险中可能存在的盈利机会。风险回避在实际中可实现的机会较小，因为并不是所有的风险都可以有效回避。

2. 风险自留法

风险自留法也称风险承担法，指企业自己非理性或理性地主动承担风险，即企业通过采取内部控制措施等来化解风险，或者对保留下来的项目风险不采取任何措施。

3. 控制法

在常态风险损失发生之前，就要采取预防措施，尽量控制损害可能发生的根源，降低损害发生的可能性。

控制法是针对风险因素的风险处理方法，涉及现时成本与潜在损失比较的问题，也就是当潜在损害远大于采取控制措施需要支出的成本时，就应该采取控制措施。那么用人单位可以通过对企业用工法律风险的产生和作用机理、劳动者与用工环节之间的关系和委托代理理论，以及企业用工法律风险产生的原因进行分析，从而获得企业用工法律风险的有关理论，利用它来指导企业的风险管控。

4. 财务管理法

财务管理法又可以分为转移法、分担法、增加法、转化法，具体含义如下。

（1）转移法是指公司通过某种安排，把面临的风险有意识地全部或部分转移给与其有经济利益关系的另一方承担，例如购买保险、与担保机构合作、实施业务外包、签订分散风险与明确责任的合同。

（2）分担法是指双方共担风险的风险管理方法。在企业的人力成本管控中会有这样的现象，用人单位与劳动者约定业务提成在货款收回后再支付，就是劳动者与用人单位共同分担对方不能支付货款的风险。

（3）增加法是递向思维提出的一种法律风险解决方案，指企业对一些很重要的法律风险不能控制时，采取增加法律风险的方式来解决当前的风险。例如企业在招聘时，会通过员工推荐的方式来招聘专业的人才和中层管理者，然后支付给推荐人一定的报酬。这主要是因为推荐人对被推荐人有一定的了解和信任，而且这样的被推荐人素质一般较高、可靠性较强，能适应企业的需求，可以为企业节约很多的时间及精力来招聘合适的人才。

（4）转化法是指将不利于自己的法律关系通过合法的方式转化为有利于自己的法律关系。例如企业会通过劳务派遣的方式将企业与员工之间的劳动关系转为民事关系，这样企业就不需要为这部分员工支付经济补偿等，从而为企业节约用工成本。

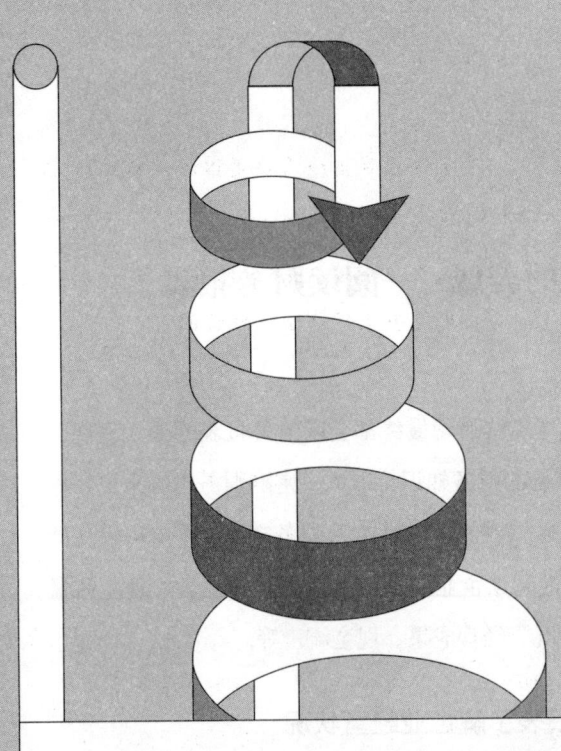

第2章

财务视角的人力资源
成本认知

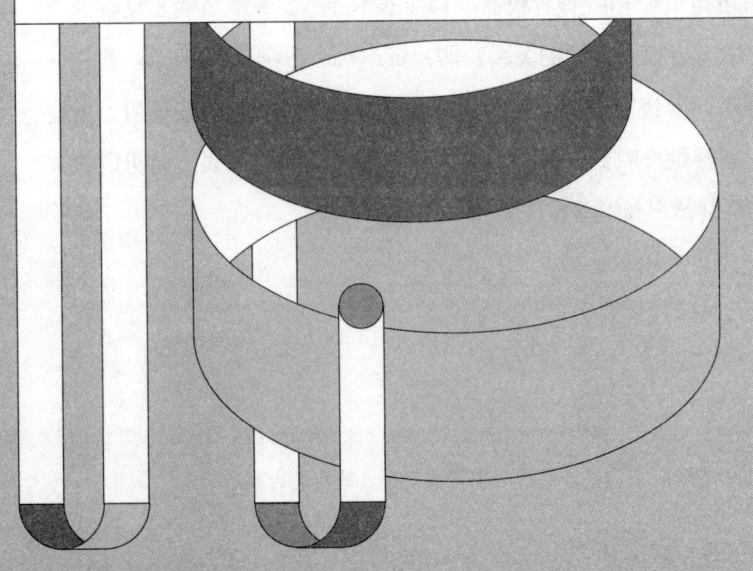

　　对任何一家企业来说，成本是其经营管理过程中最想缩减和规避的内容，但是要想实现这个目的，企业就要对成本进行有效的认知。对成本进行认知，离不开财务的相关内容。所以，当HR面临企业的人力资源成本管控时，了解并掌握一定的财务知识，能更好地与各业务部门通力合作，实现人力资源成本管控。

2.1 HR财务思维的养成——阅读财务报表

在企业中，所有的业务与经营活动最终都会以财务报表的形式呈现，所以，每一位HR必须具备基础的财务知识，形成一定的财务思维来更好地应对和处理企业的人力资源成本管控工作。HR对财务知识的了解可以从阅读财务报表开始，也就是通过阅读企业的资产负债表、利润表、现金流量表[①]来了解企业的整体财务状况、经营成果、现金流量等。

2.1.1 通过资产负债表了解企业经营状况

资产负债表也称财务状况表，是反映企业在某一特定日期（如月末、季末、年末）的财务状况的报表，即反映了某一特定日期关于企业资产、负债和所有者权益及其相互关系的信息。

资产负债表采用账户式结构，也就是把报表分为左右两边，左边是资产项目，右边是负债和所有者权益项目（表2-1）。资产负债表反映了资产、负债、所有者权益之间的关系，即：资产=负债+所有者权益。经过一定的会计程序，以特定日期为基准，将企业的资产项目、负债项目、所有者权益项目完整地反映到一张报表中，使用者通过阅读报表，就可以快速了解企业的经营情况及财务状况。

---

① 本书着眼于普通企业，不涉及所有者权益变动表的相关内容。

表2-1 资产负债表

编制单位： _____年_____月_____日 单位：元

资产	期末余额	上年年末余额	负债和所有者权益（或股东权益）	期末余额	上年年末余额
流动资产：			流动负债：		
货币资金			短期借款		
交易性金融资产			交易性金融负债		
衍生金融资产			衍生金融负债		
应收票据			应付票据		
应收账款			应付账款		
应收款项融资			预收款项		
预付款项			合同负债		
其他应收款			应付职工薪酬		
存货			应交税费		
合同资产			其他应付款		
持有待售资产			持有待售负债		
一年内到期的非流动资产			一年内到期的非流动负债		
其他流动资产			其他流动负债		
流动资产合计			流动负债合计		
非流动资产：			非流动负债：		
债权投资			长期借款		
其他债权投资			应付债券		
长期应收款			其中：优先股		
长期股权投资			永续债		
其他权益工具投资			租赁负债		

（续表）

资产	期末余额	上年年末余额	负债和所有者权益（或股东权益）	期末余额	上年年末余额
其他非流动金融资产			长期应付款		
投资性房地产			预计负债		
固定资产			递延收益		
在建工程			递延所得税负债		
生产性生物资产			其他非流动负债		
油气资产			非流动负债合计		
使用权资产			负债合计		
无形资产			所有者权益（或股东权益）：		
开发支出			实收资本（或股本）		
商誉			其他权益工具		
长期待摊费用			其中：优先股		
递延所得税资产			永续债		
其他非流动资产			资本公积		
非流动资产合计			减：库存股		
			其他综合收益		
			专项储备		
			盈余公积		
			未分配利润		
			所有者权益（或股东权益）合计		
资产总计			负债和所有者权益（或股东权益）总计		

认识资产负债表及其结构后，我们会发现资产负债表还有这样的功能：反映企业特定时点拥有的资产及其分布情况，表明企业所承担的债务及其偿还时间以及特定时点投资人所拥有的净资产及其形成原因，反映财务状况的发展趋势。

因此，以财务思维为指导，HR要想看懂资产负债表，就要先掌握资产负债表的看表步骤：看资产规模→看资产结构→看资产来源。

1. 看资产规模

在表2-1中，我们可以看到，企业的资产主要分为流动资产和非流动资产。所谓流动资产，是指企业可以在一年或者超过一年的一个营业周期内变现或者运用的资产。所谓非流动资产，是指不能在一年或者超过一年的一个营业周期内变现或者耗用的资产。

在流动资产与非流动资产下，还存在各种类别的资产项目，这些资产项目最终都会汇总成流动资产合计、非流动资产合计，然后得出最终的资产总计。

2. 看资产结构

企业的资产结构可以从固流结构及现金与存货的角度来看。

所谓固流结构，指固定资产与流动资产的比率。固流结构反映企业的资产结构，因此可以作为平衡企业盈利能力和企业运营安全的重要指标，也可以作为了解企业资产特性和合理运用资产特性的重要指标。

固流结构可以分为适中固流结构、保守固流结构和激进固流结构。对具有不同特点的行业、不同经营规模的企业而言，只要综合盈利能力和风险水平进行固流结构分析，就可以对固流结构进行初步的判断。

（1）适中固流结构（固定资产与流动资产的比例保持在平均的水平）：企业的盈利一般，面对的风险一般。

（2）保守固流结构（流动资产的比例较高）：企业的流动性较强，风险和盈利都较小。

（3）激进固流结构（固定资产的比例较大）：企业的盈利能力和风险水平都较高。

所谓现金与存货，也是企业资产结构的一种表现形式。现金和存货作为企业的流动资产，只有保持在较为合理的水平、具有较好的使用效率时，才能有效支撑企业的运营。

3. 看资产来源

企业的资产来源主要以负债的形式表现，企业的负债是什么、企业的资产负债率（负债总额÷资产总额×100%）有多高，是查看资产来源需要重点关注的。

（1）企业的负债是什么？企业的负债主要展示在资产负债表右边的"负债和所有者权益（或股东权益）"项目中。该项目清晰列示了企业的所有负债项目。

（2）企业的资产负债率有多高？资产负债率是资产与负债的比率，是衡量一个企业偿债能力的重要指标。通过资产负债率，可以看出企业的负债率。资产负债率越高，说明企业的负债越多，那么企业的偿债能力也就越弱；如果资产负债率越低，说明企业的资产越高，企业的偿债能力也就越强。

资产负债率只是HR了解企业的一个参考指标，不能一锤定音，因为资产负债率也代表了一种财务杠杆。财务杠杆体现企业利用资源整合为股东创造更多利润的愿望和能力。也就是说，企业负债越大，杠杠越大，撬动的利润也就越多，当然，风险也会增多。对于HR来说，可以在参考资产负债率的基础上，对企业未来的发展形势进行判断，然后参与编制更合理的人力资源计划。

2.1.2　通过利润表了解企业盈利能力

利润表，是反映企业在会计期间经营成果的财务报表。

这里使用的是多步式利润表，即将各种利润分多步计算来求得净利润的利润表格式。在利润表中，每一个项目通常分为"本期金额"和"上期金额"两栏（表2-2）。

表2-2　利润表

编制单位：　　　　　　　　＿＿＿＿年＿＿＿＿月　　　　　　　　　　单位：元

项　目	本期金额	上期金额
一、营业收入		
减：营业成本		
税金及附加		
销售费用		
管理费用		
研发费用		
财务费用		
其中：利息费用		
利息收入		
加：其他收益		
投资收益（损失以"－"号填列）		
其中：对联营企业和合营企业的投资收益		
以摊余成本计量的金融资产终止确认收益（损失以"－"号填列）		
净敞口套期收益（损失以"－"号填列）		
公允价值变动收益（损失以"－"号填列）		
信用减值损失（损失以"－"号填列）		
资产处置收益（损失以"－"号填列）		
二、营业利润（亏损以"－"号填列）		
加：营业外收入		

（续表）

项　目	本期金额	上期金额
减：营业外支出		
三、利润总额（亏损总额以"－"号填列）		
减：所得税费用		
四、净利润（净亏损以"－"号填列）		
（一）持续经营净利润（净亏损以"－"号填列）		
（二）终止经营净利润（净亏损以"－"号填列）		
五、其他综合收益的税后净额		
（一）不能重分类进损益的其他综合收益		
1.重新计量设定受益计划变动额		
2.权益法下不能转损益的其他综合收益		
3.其他权益工具投资公允价值变动		
4.企业自身信用风险公允价值变动		
……		
（二）将重分类进损益的其他综合收益		
1.权益法下可转损益的其他综合收益		
2.其他债权投资公允价值变动		
3.金融资产重分类计入其他综合收益的金额		
4.其他债权投资信用减值准备		
5.现金流量套期储备		
6.外币财务报表折算差额		
……		
六、综合收益总额		
七、每股收益		
（一）基本每股收益		
（二）稀释每股收益		

利润表是对企业盈利能力的反映，清晰记录着企业一定会计期间内的收入、费用、利润，HR利用该表可以了解企业的经营成果。通过阅读利润表，可以发现它的三个功能：反映企业的经营成果，能直接向HR展示企业在这一经营周期中的赚钱情况；评价企业的盈利能力，HR通过阅读利润表可以评价企业的获利能力，调整人力成本管控；预测企业未来盈利能力的变化趋势，HR通过阅读利润表可以预测企业未来的盈利趋势，从而调整人力资源成本管控。

所以，HR看懂利润表对人力资源成本管控工作有着基础的指导作用，那么怎样才能快速看懂利润表呢？

看懂利润表的关键是理解利润表编制的核心公式：利润=收入—成本费用。HR在看利润表时，要格外注意企业的收入与支出。

在企业的收入中，营业收入是首要的关注项目。此外，投资收益、营业外收入等也需要关注。在企业的成本费用中，营业成本处在最先的位置，其次还有税金及附加、销售费用、管理费用、研发费用、财务费用、营业外支出等也要加以关注。

利润表中的会计项目非常多，HR不需要将每一个项目及其下面的细分科目都研究清楚，只需要关注和读懂与人力资源相关的会计项目即可。

2.1.3 通过现金流量表了解企业资金周转能力

现金流量表，是反映企业在一定会计期间内现金与现金等价物流入和流出的报表。

现金流量表的编制原则与资产负债表及利润表不同，现金流量表采用收付实现制，而资产负债表和利润表的编制原则是权责发生制，目的是让信息使用者更全面地了解企业净利润的质量。

现金流量表反映资产负债表中各个项目对企业现金流量的影响，根据这些项目的不同，最终会形成不同的现金流。根据这些现金流量的用途，可以将企业的现金流分为经营活动产生的现金流量、投资活动产生的现金流量、筹资活动产生的现金流量三部分。在每一部分中，每个活动又细分为各具体项目，这些项目清晰展示了企业不同业务活动的资金流入与流出情况。通过阅读现金流量表，HR可以评价企业的支付能力、偿债能力和周转能力，并预测企业未来的资金状况，来提前对企业的人力资源成本进行预判。

表2-3　现金流量表

编制单位：　　　　　　　　　　____年____月____日　　　　　　　　单位：元

项目	本期金额	上期金额
一、经营活动产生的现金流量：		
销售商品、提供劳务收到的现金		
收到的税费返还		
收到其他与经营活动有关的现金		
经营活动现金流入小计		
购买商品、接受劳务支付的现金		
支付给职工及为职工支付的现金		
支付的各项税费		
支付其他与经营活动有关的现金		
经营活动现金流出小计		
经营活动产生的现金流量净额		
二、投资活动产生的现金流量：		
收回投资收到的现金		
取得投资收益收到的现金		
处置固定资产、无形资产和其他长期资产收回的现金净额		
处置子公司及其他营业单位收到的现金净额		

（续表）

项目	本期金额	上期金额
收到其他与投资活动有关的现金		
投资活动现金流入小计		
购建固定资产、无形资产和其他长期资产支付的现金		
投资支付的现金		
取得子公司及其他营业单位支付的现金净额		
支付其他与投资活动有关的现金		
投资活动现金流出小计		
投资活动产生的现金流量净额		
三、筹资活动产生的现金流量：		
吸收投资收到的现金		
取得借款收到的现金		
收到其他与筹资活动有关的现金		
筹资活动现金流入小计		
偿还债务支付的现金		
分配股利、利润或偿付利息支付的现金		
支付其他与筹资活动有关的现金		
筹资活动现金流出小计		
筹资活动产生的现金流量净额		
四、汇率变动对现金及现金等价物的影响		
五、现金及现金等价物净增加额		
加：期初现金及现金等价物余额		
六、期末现金及现金等价物余额		

　　现金流量表中的现金不单单指我们日常使用的现金，还包括库存现金、银行存款，以及各类现金等价物。

现金流量对企业短期的生存能力有一定的反映，可以说是企业健康与否的一个证据。HR在理解现金流量表时，可以从现金流量的功能着手：弥补资产负债表信息量的不足，资产负债表反映的都是各项目期末的余额，而现金流量表可以将各项目的增减变动额清晰列示出来；从现金流量角度进行业绩考核，HR可以利用现金流量表提供的信息进行企业考核；展示企业筹措现金、生成现金的能力，企业的生存离不开现金流量，HR需要通过现金流量表来认识企业的现金情况，然后进行人力资源成本管控，尽可能地避免消耗过多的现金流。

在实际中，HR要想看懂现金流量表，就要从认识经营活动产生的现金流量、投资活动产生的现金流量和筹资活动产生的现金流量开始。

1. 经营活动产生的现金流量

经营活动产生的现金流量主要分为：销售商品、提供劳务收到的现金，购进商品、接受劳务付出的现金。这里接受劳务付出的现金，主要是人力成本。在企业经营正常、购销平衡时，经营活动中的这两大现金流入与流出比率越大，说明企业的销售利润越好，且企业的销售回款表现良好、创造现金的能力强。HR还可以通过计算企业销售商品、提供劳务收到的现金与经营活动现金流入小计的比值，来对企业主营业务的状况进行判断，比值越大，说明企业的主营业务越突出；或者将经营活动现金流入小计与上期进行比较，来看企业的成长性表现是否良好。

2. 投资活动产生的现金流量

企业会通过投资某些项目让企业在未来获得一定的现金流入，为企业的持续发展提供现金支持。投资活动产生的现金流量与投资项目息息相关，HR可以对企业的投资项目进行了解和分析，以此来确定企业是否可以收到稳定的现金流入，然后在人力资源成本管控中做出决策。

3. 筹资活动产生的现金流量

企业为了扩大生产规模，或者保持高速增长，还会通过吸收外部投资、借款、发行股票等方式从企业外部筹措一定的现金流量，这种筹资活动一般会给企业带来大量的现金流入，但同时也会承担一定的偿债压力，企业所拥有的权益性资本（发行的股票等）反而会增强企业的实力。HR可以将筹资活动产生的不同形态（债务性资本和权益性资本）的现金流量与筹资活动现金流入小计进行比较，如果现金流量的占比越大，则企业承担的相应债务风险或拥有的资金实力越大。

通过认识这三张财务报表，HR能够了解企业的基本财务情况，能在处理相应的人力资源成本管控工作时有一定的财务思维，这对HR做出更合理的成本决策有重要作用。

2.2　通过会计科目，认识人力资源成本的另一面

从财务报表落脚到具体的实践，HR最关注的就是财务报表中那些与人力资源成本有关的项目，这些项目就是财务工作中的会计科目。与HR相关的会计科目主要是"应付职工薪酬"。而应付职工薪酬作为一级科目，其下面还有一些二级科目，HR在工作中，要了解到应付职工薪酬下面的具体内容。

2.2.1　应付职工薪酬的基本内容

根据《企业会计准则第9号——职工薪酬》可知：职工薪酬是指企业为获得职工提供的服务或解除劳动关系而给予的各种形式的报酬或补偿。具体来说，职工薪酬包括短期薪酬、离职后福利、辞退福利和其他长期职工福利。企业提供给职工配偶、子女、受赡养人、已故员工遗属及其他受益人等的福利，也属于职工薪酬。

1. 短期薪酬

短期薪酬，是指企业在职工提供相关服务的年度报告期间结束后十二个月内需要全部予以支付的职工薪酬，因解除与职工的劳动关系给予的补偿除外。短期薪酬具体包括以下各项。

（1）职工工资、奖金、津贴和补贴。

（2）职工福利费。

（3）医疗保险费、工伤保险费和生育保险费等社会保险费。

（4）住房公积金。

（5）工会经费和职工教育经费。

（6）短期带薪缺勤。

（7）短期利润分享计划。

（8）非货币性福利及其他短期薪酬。

2. 离职后福利

离职后福利，是指企业为获得职工提供的服务而在职工退休或与企业解除劳动关系后，提供的各种形式的报酬和福利，短期薪酬和辞退福利除外。

3. 辞退福利

辞退福利，是指企业在职工劳动合同到期之前解除与职工的劳动关系，或者为鼓励职工自愿接受裁减而给予职工的补偿。

4. 其他长期职工福利

其他长期职工福利，是指除短期薪酬、离职后福利、辞退福利之外所有的职工薪酬，包括长期带薪缺勤、长期残疾福利、长期利润分享计划等。

企业的HR，要明确职工薪酬的这些项目，结合企业的实际情况，确定企业的职工薪酬内容。在实际的职工薪酬管理工作中，HR除了关注员工的工资外，还要对企业的职工福利加以重视，以及企业在解除与职工的劳动关系时给予的补偿、工会经费及教育经费这些项目是否都按照规定进行支付，有没有可以控制的地方与空间，以节约人力资源成本为出发点，充分认识职工薪酬的各项内容。

一般来说，在职工薪酬中，HR可能会忽略一些项目，主要有职工福利费、经济补偿、职工教育经费等。因此，对这些项目，我们应予以重点关注。

2.2.2　职工福利费

职工福利费是指企业为职工提供的直接或间接的集体福利、补助和补贴等，目的是保证职工的身体健康，便利职工的生产生活，解决职工生活中的特殊困难。例如职工困难补助、丧葬补助费、独生子女费、防暑降温费、非货币性福利等均属于职工福利范畴。作为HR，需要对这些项目做到心中有数。

1. 职工福利费的开支范围

职工福利费是指企业在工资、社会保险之外，根据国家有关规定，所采取的补贴措施和建立的各种服务设施，是对职工直接或间接的帮助。职工福利费的开支范围，可以分为以下五个方面。

（1）职工医药费。

（2）职工生活苦难补助，主要包括生活苦难职工的定期补助和临时性补助，以及因工或非因工负伤、残疾需要的生活补助。

（3）职工及其供养直系亲属的死亡待遇。

（4）集体福利的补贴，包括职工浴室、哺乳室、托儿所等集体福利设施支出（在会计核算时要减去设施的相应收入），以及未设集体福利设施的集体福利补贴，如托儿费、洗理费等。

（5）其他福利待遇，例如通勤交通补贴、通信补贴、生育补助等。

HR在管理职工福利费用时，要注意退休职工的费用，被辞退职工的补偿金，职工劳动保护费，职工在病假、生育假、探亲假期间领取的补助，职工学习费，职工伙食补助，均不在职工福利范围内。

2. HR如何管理职工福利费

管理职工福利费的出发点是依据相关法律法规及结合企业实际，制订出适用于本企业的福利费管理规定，来对员工的福利费进行管理。

（1）福利费的管理要点。HR在做每一年的福利费管理时，要做好预算工作，根据企业的实际情况确定一定的预算标准，加强控制，将福利费总额限制在规定的范围内。具体来说，在制定企业福利费预算标准时，应考虑职工福利事项类别、受益人员数量、计划的标准及额度、支出的形式、时间安排等内容。

（2）福利费管理的注意事项。福利费管理过程中，要注意规避法律问题，也就是要注意以下事项。

①职工福利费一般以货币形式为主，并按月、按标准直接发放，并纳入职工工资总额管理；对尚未实行货币化改革的职工福利项目，也应作为职工福利费管理。

②对以本企业产品或服务作为职工福利的，应当严格控制，并按商业化原则实行公平交易，不得直接供职工或亲属免费或低价使用。

3. 职工福利费的使用程序

职工福利费的使用程序一般是指确定企业的职工福利费项目的合规设置，确保职工可以享受到职工福利。

在企业中，职工福利费的管理一般是经HR指导，由综合管理部门和工会负责提出年度福利费用计划安排建议，HR对其进行审核和整理，上报决策层，根据决策的建议，编制职工福利项目预算，并办理相关事宜。

2.2.3 经济补偿

当企业提出与员工解除劳动关系时，需要依法一次性给予劳动者一定的经济补偿，这部分资金就作为经济补偿金，是HR遣散职工时需要付出的一种辞退福利。

1. 经济补偿的支付标准

关于经济补偿的支付标准，《中华人民共和国劳动合同法》第四十七条有以下规定。

第四十七条　经济补偿按劳动者在本单位工作的年限，每满一年支付一个月工资的标准向劳动者支付。六个月以上不满一年的，按一年计算；不满六个月的，向劳动者支付半个月的经济补偿。

劳动者月工资高于用人单位所在直辖市、设区的市级人民政府公布的本地区上年度职工月平均工资三倍的，向其支付经济补偿的标准按职工月平均工资三倍的数额支付，向其支付经济补偿的年限最高不得超过十二年。

本条所称月工资是指劳动者在劳动合同解除或终止前十二个月的平均工资。

2. 什么情况下才需要支付经济补偿

在《中华人民共和国劳动合同法》中，对经济补偿的具体支付情形进行了详细的说明，HR需要仔细区分，见表2-4。

表2-4　不同劳动合同状态下的经济补偿的支付情形

劳动合同状态	经济补偿的支付情形	
解除劳动合同时	应当支付经济补偿的情形	用人单位与劳动者协商解除劳动合同
		用人单位有过错，劳动者单方面解除合同
		用人单位因非劳动者过错单方解除劳动合同
	无须支付经济补偿的情形	劳动者提出解除劳动合同并与用人单位协商一致
		劳动者提前30日以书面形式通知用人单位或者在试用期提前3日通知用人单位解除劳动合同的
		因劳动者过错与用人单位解除劳动合同的

（续表）

劳动合同状态	经济补偿的支付情形	
终止劳动合同时	应当支付经济补偿的情形	用人单位不同意续订劳动合同的
		用人单位虽同意续订劳动合同，但续订劳动合同中约定的各项劳动条件低于原劳动合同中约定的条件，劳动者不同意续订的
	无须支付经济补偿的情形	固定期限劳动合同期满终止，用人单位维持或者提高劳动合同约定条件续订劳动合同，而劳动者不续订的
		劳动者开始依法享受基本养老保险待遇、达到法定退休年龄，以及劳动者死亡，或被人民法院宣告死亡或者宣告失踪，导致劳动合同终止的
		非全日制用工双方当事人任何一方通知终止用工的
		自用工之日起1个月内，经用人单位书面通知，劳动者不与用人单位订立书面合同，导致用人单位终止劳动关系的

2.2.4 职工教育经费

职工教育经费是指企业按工资总额的一定比例提取，作为职工学习先进技术和提高文化水平的费用。单位职工不但有取得劳动报酬的权利、享有集体福利的权利，还有接受岗位培训、后续教育的权利。

财政部和国家税务总局在《关于企业职工教育经费税前扣除政策的通知》中指出：企业发生的职工教育经费支出，不超过的工资薪金总额8%的部分，准予在计算企业所得税应纳税所得额时扣除；超过的部分，准予在以后纳税年度结转扣除。

职工教育经费作为提升职工能力的一项支出，最终会内化为员工的能力，而员工能力的提升，将会为企业创造更大的价值。所以，关于职工教育经费的最终归宿，可以理解为"用企业的钱为职工增值""用职工的能力为企业赚钱"。

与投入大量的成本进行优质人才招聘相比，用职工教育经费开展职工教育工作，更有助于推动企业员工的整体素质持续提升。

1. 职工教育经费的开支范围

HR在开展员工的教育培训工作时，要充分认识到职工教育经费的开支范围，这样才能有效管控教育经费，同时还可以避免在后续的会计处理环节中出现问题。职工教育经费的开支范围主要有以下几项。

（1）上岗和转岗培训。

（2）各类岗位适应性培训。

（3）岗位培训、职业技术等级培训、高技能人才培训。

（4）专业技术人员继续教育。

（5）特种作业人员培训。

（6）企业组织的职工外送培训的经费支出。

（7）职工参加的职业技能鉴定、职业资格认证等经费支出。

（8）购置教学设备与设施。

（9）职工岗位自学成才奖励费用。

（10）职工教育培训管理费用。

（11）有关职工教育的其他支出。

2. 职工教育经费的合理使用

企业提取职工教育经费，并将职工教育经费花到实处，是有利于员工和企业双方的事项。那么，企业在职工教育经费的使用方面，需要注意什么呢？HR在这一过程中又要做哪些工作呢？

（1）严格实行预算管理制度。在企业各部门提出培训需求时，应一并列出培训项目的职工教育经费预算，由HR收集后汇总提交给决策层审核，并根据审核结果进行编报。

当某部门需要增加培训经费时，该部门需向HR提出书面申请，由HR上交领导审批。

（2）坚持"专款专用、节约使用、结余上交"。职工教育经费应当建立专项账户，做到"专款专用、节约使用"，当各部门的职工教育经费出现结余时，需要上交企业由企业统一使用。

HR要明确禁止克扣、挪用、侵占职工教育经费的行为。

（3）兼顾各部门、各层级职工的教育培训需求。职工教育经费在使用时要规避"重上轻下""内外有别"的问题，要兼顾各部门、各层级职工的教育培训需求。

HR要主动为一线职工寻找合适的教育培训项目，安排合适的时间让员工进行培训学习。

（4）注重教育培训的考核和奖励。职工教育经费的有效使用，离不开教育培训的相关考核。

2.3　强化财务思维，提升HR的业务参与能力

作为企业的HR，不可避免地要与企业的业务部门沟通交流，这主要表现为HR参与业务部门的会议、参与企业产品的流程设计、与业务部门共同会见企业的大客户等。那么，HR为了能在这样一些工作场景中更高效地工作，就不得不强化自己的财务知识储备，因为企业的业务最终都是以财务数据或指标的形式呈现，只有具备了一定的财务知识，HR才能更好地参与企业的业务事项。

2.3.1　理解与业务相关的五大会计术语

HR在进行人力资源成本管控时，需要与业务部门进行有效的沟通，在这一过程中，HR要将自己的专业知识与业务部门的需求结合起来，让人力资源管理成为业务部门的一部分，然后用业务部门的语言，去解决职工和部门面临

的困难。为了实现这个目的，HR就需要了解一些与业务相关的会计术语。

1. 销售收入

销售收入，又称营业收入、经营收入，是指企业通过销售商品或提供劳动取得的货币收入或应收账款收入。按照业务收入的比重、主次及经常性情况，销售收入可以分为主营业务收入和其他业务收入。销售收入的计算公式如下。

$$销售收入=产品销售数量×产品单价$$

销售收入按权责发生制确认，但是由于行业经营内容的不同，不同的行业有不同的销售收入或主营业务收入，例如，一般的商品流通企业的销售收入为商品的销售收入，而房地产开发企业的销售收入则是转让、销售或出租房产的收入。

2. 成本

成本是商品经济的价值范畴，是商品价值的组成部分。人们要进行生产活动，就必须消耗一定的资源，而消耗的这些资源的货币表现及其对象化就被称为成本。

成本一般由两部分构成，一是商品生产中消耗的劳动对象的价值，例如原材料、燃料等的费用以及机械的折旧费用；二是生产者的必要劳动创造的价值，例如工资。

3. 期间费用

期间费用是指企业日常经营活动中发生的不能计入特定的成本核算对象，而应计入发生的当期损益的费用。期间费用作为日常活动所发生的经济利益的流出，可以分为三类：销售费用、管理费用、财务费用。

4. 净利润

在会计学上，利润可以分为毛利润、营业利润、利润总额、净利润。为了更清晰地了解这些利润，我们还可以结合利润表来一步步认识净利润。

（1）毛利润的计算公式如下。

毛利润＝销售收入－销售成本

毛利润又称毛利，存在一个与之相关的比率——毛利率，计算公式如下。

毛利率＝毛利润÷销售收入×100%＝（销售收入－销售成本）÷销售收入×100%

毛利率反映商品经过生产转换后的增加值部分，表示企业的销售收入扣除销售成本后，还有多少毛利润可以支付各项期间费用并形成盈利。

（2）营业利润的计算公式如下。

营业利润＝营业收入－营业成本－税金及附加－期间费用－资产减值损失＋公允价值变动收益（－公允价值变动损失）＋投资收益（－投资损失）

（3）利润总额的计算公式如下。

利润总额＝营业利润＋其他业务收入

（4）净利润的计算公式如下。

净利润＝利润总额－所得税费用＝利润总额×（1－所得税率）

通过这样一些公式，我们可以看到，企业的净利润主要受利润总额、所得税税率两个因素的影响。不同行业的企业所承担的所得税率由法律明确规定，所以企业要想获得更多的净利润，提高利润总额是关键。

2.3.2　理解业务部门看重的三大财务指标

HR为业务部门提供管理服务，例如岗位招聘、员工考核、岗位薪酬设计等，这些工作不仅是HR所看重的，更是业务部门所看重的，所以在解决这些问题时，HR不能仅从自己的专业出发，而应在做决策之前引入业务部门非常看重的一些财务指标，然后从指标出发，根据指标做出更可靠的决策。

1. 股东回报率

股东回报率（ROE）又称股本回报率、净资产收益率，是净利润与平均净资产的比值，用来评价企业的盈利能力、资产管理和财务控制，计算公式如下。

$$股东回报率 = 净利润 \div 平均净资产 \times 100\%$$

该公式继续变形，可以得到如下公式。

$$股东回报率 = \frac{净利润}{平均净资产} \times 100\% = \frac{净利润}{销售收入} \times \frac{销售收入}{平均资产总额} \times \frac{平均净资产总额}{平均净资产} \times 100\%$$

通过上述变形公式，我们可以得出：股东回报率的提高，意味着企业的盈利能力或盈利效率在提升，企业表现出更好的发展势头。

2. 净利润率

在实践中，只有净利润是不够的，也就是仅凭净利润的绝对值不能对企业的盈利状况做出合理的判断，因此我们就要使用净利润率指标。

净利润率是对企业盈利能力更精准的反映，计算公式如下。

净利润率＝净利润÷主营业务收入×100%

净利润率表明：在与历史数据的比较中，如果企业净利润的增长慢于主营业务收入，则净利润率就会下降，说明企业的盈利能力在下降；如果企业净利润的增长快于主营业务收入，则净利润率就会上升，说明企业的盈利能力在增强。

在了解净利润率的基础上，HR才能更好地理解企业的盈利能力，这对其制订合理的人力资源成本管控措施很有帮助。

3. 人均产能

人均产能是由一系列指标共同构成的人力资源效率指标，反映人力资源投入与产出的对比，可以比较直观地反映人力资源的利用效率。人均产能系列指标中，常用的人力资源效率有六个。

（1）劳动生产率，指劳动者在一定时期内创造的劳动成果与其相适应的劳动消耗量的比值，一般用劳动者单位时间内生产的产品数量，或生产单位产品耗费的劳动时间来表示。

劳动生产率分为个别劳动生产率和社会劳动生产率，当个别劳动生产率高于社会劳动生产率时，意味着个人或企业的劳动效率更高，企业的发展更有可能性。

（2）人均销售收入，指总销售收入与职工人数的比值，反映企业创造销售收入的人效，计算公式如下。

人均销售收入＝销售收入总额÷平均职工人数

人均销售收入是HR考核企业效率的重要指标，经常被用于同行业间的比较。人均销售收入越高的企业，其销售效率就越高。

（3）人均净利润，指净利润总额与职工人数之间的比值，反映企业平均每一名职工创造的利润额，计算公示如下。

人均净利润＝净利润总额÷平均职工人数×100%

人均净利润越高，说明每一位职工为企业创造的利润越多、贡献越大。因此，人均净利润也称为人均贡献，是考核企业利润水平和劳动效率的有效指标。

（4）万元工资销售收入，指平均每万元工资能产生的销售收入，计算公式如下。

万元工资销售收入＝销售收入总额÷工资总额÷10 000×100%

（5）万元工资净利润，指平均每万元工资能产生的净利润，计算公式如下。

万元工资净利润＝净利润总额÷工资总额÷10 000×100%

（6）万元人工成本净利润，指平均每万元人工成本能产生的净利润，计算公式如下。

万元人工成本净利润＝净利润总额÷人工成本总额÷10 000×100%

所以，HR依据这些与企业业务相关的、业务部门看重的指标，更能掌握企业的经营情况，更便于制订相应的人工成本管控措施。

2.4 与人力资源有关的三张报表

在理解了一定的财务知识后，结合企业的人才状况，HR就可以着手构建自己的人才报表。在人才报表中，通过各种视角对企业人才进行洞察，能将企业的人才情况列示出来，这样更便于我们发现人才管理中的漏洞，对人才进行更有效的管理。一般来讲，HR手中的人才报表主要有人力资本负债表、人力资本投入与产出利润表、人才流量表。

2.4.1 人力资本负债表

人力资本负债表反映企业的人才情况，通过对企业人才的学历、绩效、工资、福利等各要素的反映，能揭示企业的人才潜力与潜在的人才危机。

为了成本管控的需要，HR在制作人力资本负债表时，需要考虑时效问题，因为需要制作出年度或半年度人力资本负债表、季度人力资本负债表、月度人力资本负债表。同时，为了能更好地进行人力资本的对比分析，便于成本管控，在人力资本负债表中，还需要列出上期数据、本期计划（预算）数据、本期数据；此外，还需要对超出计划的数据进行补充说明。

因为每个企业所处的行业不同，例如对不同学历、不同年龄段的人才需求不同等，所以，评判一家企业的人力资本管控情况也是不同的。因此，根据成本管控的实际需要，人力资本负债表又可以分为"人才"报表和"人工成本"报表。

1. 人力资本负债表——人才

"人力资本负债表——人才"展示企业各个岗位人才的一些基本要素，例如学历、司龄、工龄、年龄等，此外还会展示岗位胜任比、绩效考核等人力资源管理指标。表2-5是人力资本负债表下的人才报表。

表2-5　人力资本负债表——人才

岗位		上期	本期计划	本期	离退休、内退人员	不在岗	人员类别		学历				司龄				工龄			年龄					岗位胜任比	高绩效人员	高薪人员
							合同制	派遣	博士	硕士	本科	专科及以下	1年以内	1~3年	4~9年	10年及以上	2年及以下	3~5年	6年及以上	24岁及以下	25~35岁		36~49岁	50岁及以上			
																					男	女					
总计																												
经营管理层	高层																											
	中层																											
	基层																											
职能管理																												
技术与研发	正高级																											
	副高级																											
	中级																											
生产与服务	高级技师																											
	高级工																											
营销	咨询顾问																											
	销售																											

对人力资本负债表进行分析，可以关注员工的学历、司龄、工龄、年龄等基本指标，同时还要结合企业的绩效考核情况，关注岗位胜任比、高绩效人员等指标，因为这些指标更能综合反映企业对人才素养的需求。

此外，对于高薪人员与高绩效人员还有与其相对应的管理措施：企业的高绩效人员多于高薪人员时，HR可以对高绩效低薪人员进行薪资激励；当企业的高薪人员多于高绩效人员时，HR可以对高薪低绩效人员采取一定的管理措施。

2. 人力资本负债表——人工成本

人力资本负债表下的人工成本报表主要展示企业各个岗位的人工成本，例如工资、福利、教育培训、招聘，以及其他人工成本。

表2-6是人力资本负债表下的人工成本报表，它通过反映工资总额、福利费用和招培费用等指标，可以对人力资源成本采取定量分析。

通过人工成本表，HR可以了解各个人力资源管理环节中的成本费用情况。此外，HR还可以通过人工成本表查看企业的人工成本使用情况，具体来说，查看企业的人工成本主要花费在哪些运营环节的员工身上了；与上期相比，本期企业每一运营环节上的人工成本有什么样的增减变化；各运营环节的人工成本总额与预算有什么样的关系等。

总之，人工成本表能将企业在使用人力方面的成本支出进行清晰的展示，可以将人工成本预算与实际之间的差距等问题清晰地展示出来，分析该表，对帮助HR进一步优化企业的人工成本管控有很好的帮助。

表2-6　人力资本负债表——人工成本

岗位			总计	工资		福利				教育培训	招聘			其他人工成本	
				固定	浮动	社保	公积金	住房补贴	股权激励	外部培训	校园招聘	猎头招聘	渠道费用	劳务外包费用	实习生费用
总计		上期	总额												
		本期	预算												
			总额												
在职员工	合计	上期	总额												
		本期	预算												
			总额												
	经营管理	上期	总额												
		本期	预算												
			总额												
	职能管理	上期	总额												
		本期	预算												
			总额												
	技术与研发	上期	总额												
		本期	预算												
			总额												
	生产与服务	上期	总额												
		本期	预算												
			总额												
	营销	上期	总额												
		本期	预算												
			总额												
离退休、内退人员		上期	总额												
		本期	预算												
			总额												

2.4.2　人力资本投入与产出利润表

人力资本投入与产出利润表，主要反映企业人力资本的投资与收益情况。借助人力资本投入与产出利润表，HR可以对人工成本含量、人均收益进行分析，以了解人力资本的投资回报率，从而进一步优化人力资源管理工作。

人力资本投入作为一项投资，它的收益具有间接性、滞后性、长期性的特征。例如，企业招聘的每一名员工，很难第一时间就为企业创造价值，必须经过培训、适应、改进等阶段，也就是必须经过一定的成本投入和一定时间的打磨，才能为企业创造出有效的价值。

那么，在理解人力资本投入与产出利润表的基础上，HR就能根据投资效果判断企业人才投入方面的薄弱环节，然后采取有针对性的措施进行相关人力资本投入环节的优化与改进，力求让合理的人力资本投入带来更大的价值产出。

同样，在编制人力资本与产出利润表时，HR不仅要将本年度情况与上年度进行对比，还要与行业标杆进行对比，来更宏观地认识企业的人力资本投入与产出利润的情况，从而更有利于优化企业的人力资本投入、增加企业的收益产出。

表2-7是人力资本投入与产出利润表，可以看到，在人力资本投入与产出利润表中，关注的对象是投资分析和收益分析，这是分析人力资本投入与产出利润表的关键。

表2-7　人力资本投入与产出利润表

投资分析						收益分析				
	项目		上年度	本年度	行业标杆		项目	上年度	本年度	行业标杆
人力投资水平	人事费用率（人工率）					直接投资收益	人力资本投资回报率			
	劳动分配率						人力资本收入指数			
	人工成本含量						人力资本增值指数			
	人均人工成本						人力资本成本指数			
	人均人工成本增长率						直接或间接人力成本比率			
	人均现金收入						人工成本回报率			
	全时当量						人工成本利润率			
人力投资结构	人员结构	经营与职能人员人工成本占比					全员劳动生产率			
		技术与研发人员人工成本占比					人均营业额			
		实施服务人员人工成本占比					人均利润率			
		营销人员人工成本占比				间接投资收益	外部吸引力	主动离职率			
	项目结构	工资成本						平均到岗时间		
		社保成本						招聘成功率		
		福利成本					内部凝聚力	员工敬业度指数			
		培训成本						高绩效员工留任率		
		招聘成本						员工平均服务年限		
		其他成本						人均月缺勤次数		

1. 投资分析

人力资本投入与产出利润表中的投资分析，主要是分析企业的人力投资水平和人力投资结构。

（1）人力投资水平分析，就是通过分析七个人工成本指标来反映企业的人力资本投资水平。

①人事费用率（人工率），表示一定时期内企业生产和销售的总价值中用于支付人工成本的比例，计算公式如下。

人事费用率（人工率）=人工成本总额÷销售收入×100%

人事费用率（人工率）反映人工成本效益的相对指标，它的倒数表明企业每投入一个单位的人工成本能够实现多少销售收入。

②劳动分配率，表示企业一定时期内新创造价值中用于支付人工成本的比例，计算公式如下。

劳动分配率=人工成本总额÷增加值总额×100%

劳动分配率是集中反映企业人工成本投入与产出水平的指标，也是衡量企业人工成本相对水平高低的重要指标。

③人工成本含量，反映企业的劳动效率状况，计算公式如下。

人工成本含量=人工成本÷总成本×100%

④人均人工成本，反映企业人工成本的平均水平，计算公式如下。

人均人工成本=人工成本总额÷职工人数

⑤人均人工成本增长率，反映企业人工成本的增长情况，计算公式如下。

人均人工成本增长率=人工成本增加额÷期初人均人工成本×100%

⑥人均现金收入，反映企业人工成本中现金的支出情况，计算公式如下。

人均现金收入＝现金收入总额÷职工人数

⑦全时当量，指一名员工在特定时间内的工作量，计算公式如下。

全时当量＝全时人工量＋非全时工作量

（2）人力投资结构分析，主要是通过分析企业的人员结构和项目结构中人工成本的占比，来反映企业人力资本的投资结构，在表2-7中，我们可以看到人员结构和项目结构中的各项人工成本占比项目。

2. 收益分析

人力资本投入与产出收益表的分析，主要是分析直接投资收益和间接投资收益这两项。

（1）直接投资收益分析。直接投资收益主要是指人力资本投入的直接回报，从表2-7可以看出，直接投资收益包含人力资本投资回报率、人力资本收入指数、人力资本增值指数等10项指标，在这10项指标中，以下三个指标较关键，需在进行投资收益分析时多加关注。

①人力资本投资回报率，是衡量人力资本投资回报的主要指标，即企业在人力成本上每投入一份资金能带来的回报，计算公式如下。

人力资本投资回报率＝净利润÷人工成本总额×100%

由公式可知，要想使人力资本投资回报率更大，那么企业不仅要让净利润的值更大，同时还需要HR做好人工成本总额的管控。

②人工成本利润率，反映企业人工成本投入的获利水平。即每投入一

份的人力成本，会给企业带来多少利润，计算公式如下。

人工成本利润率=利润总额÷人工成本总额×100%

一般地，与同行业企业相比，如果企业的人工成本利润率越高，则表明单位人工成本取得的经济效益越好，人工成本的相对水平越低。

③全员劳动生产率，反映每一位员工在单位时间内的生产量。即企业的所有员工在单位时间内创造的劳动成果与其相适应的劳动消耗量的比值，用来衡量劳动力要素的投入产出效率，计算公式如下。

全员劳动生产率=利润总额÷从业人员平均数×100%

（2）间接投资收益分析。间接投资收益分析主要是从外部吸引力、内部凝聚力两个角度着手进行人力资本投入与产出的分析。

①外部吸引力的分析。外部吸引力是指企业外部的就业市场环境对企业内部员工的吸引力，可以通过员工的主动离职率来分析外部环境对企业老员工的吸引程度。同时，用新聘员工的平均到岗时间及招聘成功率来分析企业对外部员工的吸引程度。

②内部凝聚力分析。内部凝聚力是指企业内部的各种要素对员工的吸引力，可以从员工敬业度指数、高绩效员工留任比率、员工平均服务年限和人均月缺勤次数维度进行分析考量。

2.4.3　人才流量表

正如现金流量表一样，人才流量表主要反映企业的人才动向。表2-8是企业人才流量表的基本格式，可以看到，企业的人才动向主要分为人才流失与人才补充。通过制订和研究人才流量表，HR可以发现员工离职的岗位、员工离职的原因，从而以此为依据对企业的人才队伍稳定性进行分析。

人才是为企业创造价值的基石。稳定的人才队伍对企业的稳定发展、持续的价值创造至关重要。同时，适时的人才队伍更新也是一个非常关键的点，这能为企业注入更新鲜的血液，同时进一步激发人才队伍的活力，以达到为企业创造价值的更好状态。所以HR在维持人才队伍稳定、更新人才队伍方面需要做好分析，权衡利弊，通过帮助企业打造优秀的人才队伍来提升企业的市场竞争力。

表2-8 人才流量表

人才流失		上一年度		本年度		行业标杆	人才补充		上一年度		本年度		行业标杆
		人数	比率	人数	比率	比率			人数	比率	人数	比率	比率
自愿性的员工离职							人才补充结构	外部招聘					
关键人群	关键岗位员工							（关键岗位）					
	高绩效岗位员工							内部流动					
	三年以上员工							（关键岗位）					
	一年以下员工						外聘人才来源	零经验						
离职原因	薪酬原因							相关行业					
	企业文化							竞争对手					
	个人发展								小计	外聘	内聘	小计	外聘	内聘	标杆
	领导风格												
	其他						人才补充能力	平均反应时间					
非自愿性的员工离职								（关键岗位）					
离职原因	公司原因							平均到岗周期					
	个人原因							（关键岗位）					

（续表）

人才流失		上一年度		本年度		行业标杆	人才补充		上一年度		本年度		行业标杆
		人数	比率	人数	比率	比率			人数	比率	人数	比率	比率
人才流向	竞争对手						人才补充能力	推荐比率（关键岗位）					
	相关行业												
	其他行业							聘用比率（关键岗位）					
人才异动预测	三年内退休人员												
	孕龄未产员工							首年业绩合格率（关键岗位）					
	孕期员工												
	已婚未孕员工							单位招聘成本					
人才稳定性	平均服务期							关键岗位缺员率					
	三年以上员工							关键岗位后备覆盖率					
	一年以下员工							关键岗位平均后备人数					

在具体的人才流量表分析环节，我们还要从人才流失与人才补充的视角进行挖掘分析。

1. 人才流失

从人才流量表中可以看出，人才流失板块更关注"关键人群""离职原因""人才流向"等与人才流失相关的细节内容。对于任何一家企业来说，人才流失所带来的影响是非常广泛的，严重的还会引发企业的人才危机。

但人才流失又似乎是一种常态，任何企业都会有这样的状况，所以人力资源部门才会显得如此重要。面对人才流失，HR要做的就是对人才流失水平进行研究，发现企业人才流失严重的环节及其关键因素，从而在人才管理工作中对症下药，避免人才流失给企业带来更大的损失。

企业的人才流失水平可以用某一时间范围内的员工离职率来表示，计算公式如下。

离职率＝离职人数÷平均职工人数×100%

这里的离职人数包括辞退、免职、解职人数。用离职率可以测量企业人力资源的稳定性。通常，离职率以月为时间范围进行计量，以避免季节变动与市场周期变动等因素影响离职率的计算。

2. 人才补充

企业因经营规模的扩张及人才的流失，需要不断地补充、发展所需要的人才。企业的人才补充能力就是企业的人才招聘能力，企业的招聘能力越强，越容易为企业补充合适的人才，这也从侧面反映出企业对市场人才的吸引力。

就人才补充而言，本着"确保补充到岗的人才真正适用"的原则，可以分为两种补充形式：外部招聘和内部流动。针对外部招聘，HR要了解外聘人员的从业经验；针对内部流动，HR要做好岗位的调整、工作交接、绩效考核等支持性工作。企业在某一时间范围内的人才补充情况可以用人力资源新进率和净流动率来表示，计算公式分别如下。

新进率＝新进人数÷平均职工人数×100%
净流动率＝补充人数÷平均职工人数×100%

在企业的人才补充工作中，用人才补充能力来衡量HR的工作能力，主要依据这样一些指标：平均反应时间、平均到岗周期、推荐比率、聘用比率、首年业绩合格率、单位招聘成本、关键岗位后备覆盖率、关键岗位平均后备人数。

3. 企业的人才流动

企业既有人才的流失，又有人才的补充，这就构成了企业的人才流动。总体来看，企业的人才流动可以从总流动率、可避免流动率两个指标分析入手。

（1）总流动率，指企业一定时期内总的人才流动数与平均员工总数的比值，计算公式如下。

总流动率＝总流动人数÷平均员工总数×100%

这里的总流动人数是人才流失数量与人才补充数量的和。此外，企业人才的总流动率是一个综合性的指标，通常以月度数据来计算，而如果用年度或季度来表示，则可能会由于季节性等原因对数据的准确性产生一定的影响。

（2）可避免流动率，是指剔除了不可避免的流动员工（辞退、升职、横向调动、生病、死亡、退休）人数后，人才流动所表现出来的水平，计算公式如下。

可避免流动率＝（总流动人数—不可避免流动人数）÷平均职工总数×100%

可避免流动率能更真实地反映企业的人才流动水平。在此基础上，就可以得出一定时期内企业的人才流动情况。

【HR说】从成本出发的用工管理新挑战

　　企业的有序发展和稳健经营，离不开有效的用工管理；而有效的用工管理，必然少不了成本的支出。随着经济形态的不断变化，企业的用工管理也开始面临一些新的挑战。这就要求企业能够与时俱进，更新传统的用工管理思维，重新认识企业经营过程中的用工成本，采用更规范、更能适应企业发展的用工管理思维。

　　随着《中华人民共和国劳动合同法》的颁布与实施，以及相关法律法规的逐渐完善，企业在用工管理中投入的成本越来越多。同时，各种政策、市场和社会因素也在推动着用工成本的增加，所以，企业用工就不得不面临着三大挑战。

　　1. "招工难"助推工资上涨

　　看着每年的高校毕业生规模，我们会觉得人才市场人才充沛，企业招人并不是一件难事。但事实并非如此，"招工难"成为企业必须面对的一个问题，这是因为我国劳动年龄人口数量和比重出现下降趋势（国家统计局2019年统计数据显示）。同时，全国的就业人员总量从2018年年底开始也出现下降。

　　所以，虽然每年都有大量高校毕业生，但是当总体的劳动年龄人口数量开始下降时，劳动力短缺的现象就开始显现。于是，劳动者的工资自然而然地开始上涨，企业用工管理便迎来挑战。企业能招聘到更合适的人才变得更困难，高薪酬、高福利成为企业吸引人才的一种手段，这就自然而然地给企业带来用工成本的增加。

2. 高通货膨胀刺激物价上涨倒逼工资上涨

高通货膨胀，即流通中的货币供给量大于货币需求量，使得货币贬值，这就引起一段时间内物价持续而普遍地上涨。于是，在通货膨胀下，人们的个人收入开始增加，购买力也相应地增长，物价便进一步增长，刺激生产者扩大生产经营规模，从而推动工资的上涨。于是，在目前通货膨胀经济状态下，人们为了应对生存和生活需求，要求更高的工资收入，使得通货膨胀开始倒逼工资上涨。

3. 社保成本加剧用工成本

依法为员工缴纳社会保险也是企业用工管理过程中要承担的一项成本。随着企业应缴纳社保成本的逐渐上涨，员工应缴纳的社保费用也开始上涨。而为了维持企业薪酬的竞争力、吸引更优质的人才，企业又不得不加大自身的福利投入。这就使得企业的用工管理成本随着企业社保缴纳基数的上涨而增加。

企业用工管理的挑战越来越突出，HR在实际的用工管理环节中，既要站在宏观的视角，做好用工管理的统筹；又要落实到具体部门、人员身上，让用工成本能够为企业创造出更大的价值。

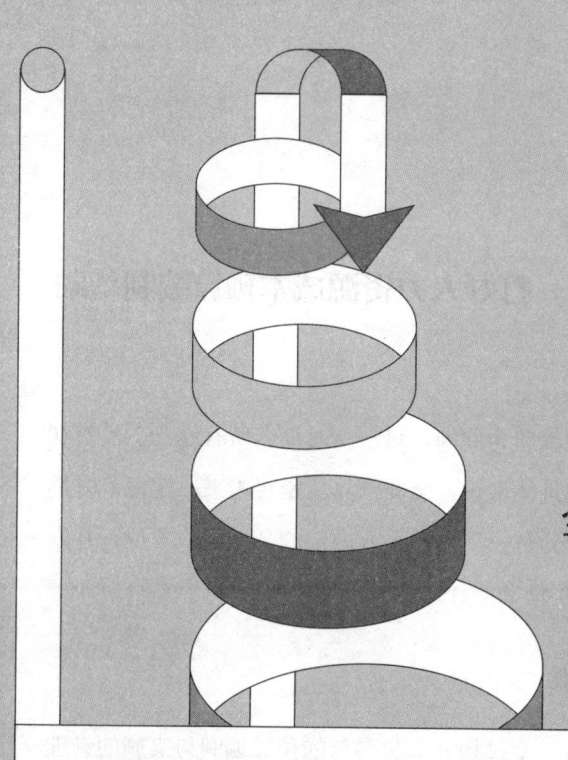

第3章

全面预算管理下的人力
资源成本预算编制

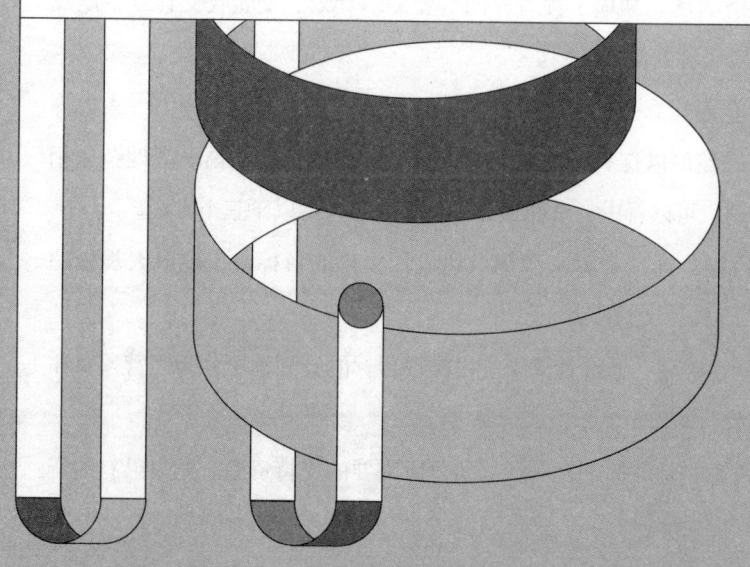

　　依据全面预算体系做人力资源成本管控，可以对企业的
人力资源成本进行更合理的规划，使人力资源成本的描述、细
分、跟踪和管控更明确。所以，全面预算体系是企业人力资源
成本管控的一个工具，以该工具为出发点，依据有效的成本预
算编制，能对企业的人力资源管理战略进行全方位的把控。

3.1　理解全面预算，打好人力资源成本预算编制基础

全面预算是企业以发展战略为导向，对一定时期内所有经营、投资和财务活动做出的预算安排。具体来说，全面预算就是将未来一定经营时期内的经营管理目标进行逐层分解、下达于企业内部的各个经济单位，并以价值形式反映企业生产和财务活动的计划安排。

3.1.1　理解全面预算

全面预算是一种全方位、全过程、全员参与的预算编制与实施的管理模式。

1. 从"预算"入手，理解全面预算

我们对全面预算的理解，可以先从"预算"着手。从字面来看，所谓"预算"，就是"预先计算"。对企业而言，这里预先计算的对象就是企业的某项经济活动、某项工程对应的资金需求计划、资金收支计划，以及人力、物力等资源的使用计划。

所以，全面预算是按照企业的目标计划进行相应财力、物力、人力等资源的计算，然后以这种预先的计算为参考依据或执行依据来管理企业相应的经营活动。可以看出，全面预算的计算内容包括以下三个方面。

（1）目标：通过计算来预测可达成什么样的目标、实现多大规模的业绩。

（2）行动计划：通过计算来安排实现目标的计划，可分为经营预算和资本预算。

（3）资源：计算保证行动计划执行所需要的支持资源。如果已有的资

源不能满足计划的执行，那么还需要围绕资源的其他获取渠道进行计算，或者依据资源计算来调整行动计划与目标。

2. 全面预算的真面目

全面预算是指企业为实现战略目标，采用预算编制方法，对预算期内的所有经营、投资和财务活动进行统筹和安排。

在全面预算管理的指导下，企业可以根据实际情况建立自己的预算管理标准，并围绕这种标准执行经营、投资、财务活动，同时对执行的结果进行评估，以实现控制、核算、分析、考核、奖惩等一系列管理目的。

在具体的操作环节中，全面预算的内容包括以下三个方面。

（1）业务预算：企业对计划期内日常发生的实质性经营活动的预算，例如销售预算、生产预算、采购预算、费用预算等。

（2）财务预算：企业对计划期内现金收支、经营成果、财务状况的预算，例如现金预算、预计收益表、预计资产负债表等。

（3）专项预算：企业对计划期内不经常发生的长期投资项目或筹资项目所编制的预算，如资本支出预算、筹资预算等。

事实上，全面预算的编制，是企业对战略目标进行解读的一种具体化过程。在全面预算下，企业的战略目标被分解为不同部门的具体目标，并让具体的目标与生产经营、业务活动紧密联系，这能让各个部门更清晰地了解自身应实现的目标，从而让各个部门能够合理安排和负责各自的业务活动，最终实现企业整体的战略目标。

3.1.2　三个层面解读全面预算

我们知道，全面预算是一种全方位、全过程、全员参与的预算编制和实施的管理模式，正是这种"全方位、全过程、全员参与"的全面模式，才体现出了全面预算的特色。所以，我们就从这三个"全面"入手，更深层次地解读全面预算。

1. 全方位

全方位，是指企业从经营活动和价值链的角度，将所有与经营相关的经济活动都纳入全面预算管理的体系当中。全方位的预算管理可以从以下四个角度入手。

（1）经营角度的全面预算管理：企业对生产、供应、销售、研发、日常管理等经营性活动进行全面预算管理。

（2）资本角度的全面预算管理：企业对对外投资、对内技能改进等资本性活动进行全面预算管理。

（3）资金角度的全面预算管理：企业对所有资金的收入和支出进行全面预算管理。

（4）财务角度的全面预算管理：企业使用全面预算管理来管理上述三大活动对企业经营成果、财务状况、现金的综合影响。

2. 全过程

全过程，是指企业对各经营项目的事前、事中、事后所做的全面管理。每一个管理过程中，都对应着细分的预算管理过程，如图3-1所示。

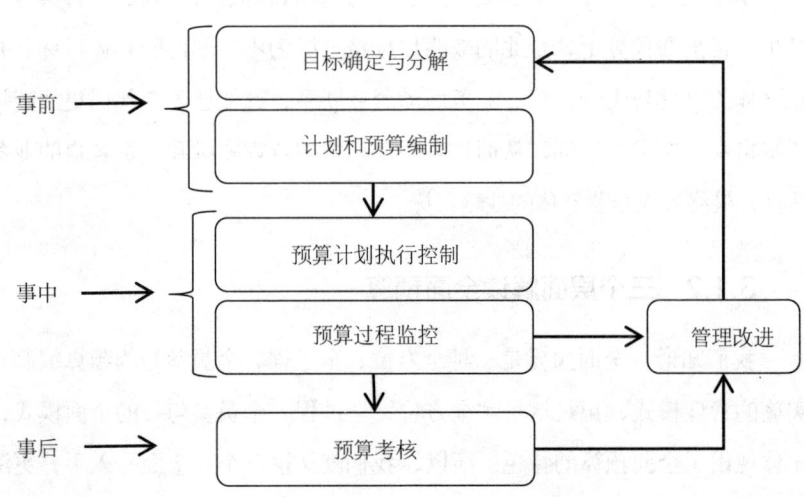

图3-1 全面预算管理的五大过程

可见，全面预算管理除了要有预算编制之外，还要有全过程的预算控制和相关业绩考核。从目标确定与分解开始，到预算考核结束的全过程管理，还可以划分为事前、事中、事后三大管理环节。

3. 全员参与

全面预算管理的实现，还需要企业全体员工的参与，也就是企业的决策者、管理者、执行员工都要参与到预算管理中。即企业的全面预算关系企业的每一个人，而且每一个人因为所处的岗位层级不同，还承担着不同的责任，见表3-1。

表3-1　企业全体员工在全面预算管理中承担的责任

岗位层级	全面预算中承担的责任
决策者	战略研讨、设定目标、预算批准、过程监督、追加调整、考核激励
各业务部门	行动计划、预算编制、预算计划执行、过程分析、管理改进、提供业绩数据
财务部门	企业预算、预算审核、编制汇总、资金平衡、过程控制、汇总分析
人力资源部门	考核指标设定、企业考核、企业绩效沟通和改进
审计部门	预算执行结果鉴证、预算运行体系监督

企业全面预算的实现，需要企业的全体员工都能够参与到这项工作中，接受一定的全面预算管理知识和技能培训，明确企业的战略目标及分解到每一部门的目标，这样大家才会思路一致，力量一致，全面地参与到企业的预算管理当中。

3.2 通过预算编制流程，理解全面预算管理思路

全面预算管理在企业的战略目标执行过程中起着至关重要的推动作用，企业除了要按照规范的流程制定战略目标的预算编制外，还要理解全面预算在企业战略管理过程中的重要性，这有利于企业在全面预算体系下进行人力资源成本管理。

3.2.1 人力资源成本预算编制的基本流程

从人力资源成本预算的整个过程来看，人力资源成本预算整体分为六大流程：上年比较→本年比较→趋势分析→经营分析→工作预测→预算编制。

1. 上年比较

上年比较是人力资源成本预算编制的第一步，这里的上年比较是指将上一年的人力资源成本预算和执行的结果进行比较，找出上一年预算与结果之间差异较大的项目，然后分析这些差异较大的项目是由什么原因造成的，并根据分析结果对今后是否还会出现这种情况进行预测。

在实际工作中，企业编制新预算要参考的数据还有前几年的数据。

2. 本年比较

本年比较就是将本年度发生的人力资源成本和预算情况进行比较，找出当前实际发生的和预算差异较大的项目，并分析这些项目产生较大差异的原因和存在的问题，同时判断今后是否还会出现这样的差异。

需要注意的是，由于分析本年度人力资源成本预算的执行情况时，本年度一般没有结束，因此要基于当前的结果对年底人力资源成本情况进行

预估，因此会有一定的预估成本存在。

3. 趋势分析

在做完上年度和本年度人力资源成本预算与结果的比较后，可以得出一些人力资源成本项目的变化趋势，然后在这些趋势的基础上，结合实际的工作情况对相应的项目进行调整。

4. 经营分析

人力资源成本预算编制不能仅停留在人力资源管理的层面，还要站在企业经营管理的角度，以企业的经营战略目标、发展状况和生产经营状况为依据，才能编制出更符合企业实际的人力资源成本预算。

5. 工作预测

结合对企业的经营分析，将符合企业战略的工作重点列示出来，同时列出影响人力资源成本预算编制的主要因素，再列出下一年人力资源管理工作的重点及方向。

6. 预算编制

预算编制就是根据前面五步的工作内容，对人力资源管理工作的重点进行分析和预测，预测每一项费用在下一年的变化情况，并以此为基础编制每一项人力资源管理工作的成本预算。

通过预算编制流程完成人力资源成本预算的编制后，还需要形成书面报告，报企业预算管理委员会进行核准和审批。人力资源部在收到预算管理委员会的批复后，及时对需要更改的相关内容进行修改，直至预算管理委员会最终通过。然后制定人力资源成本的预算执行表，执行该项人力资源成本预算决议。

3.2.2　全面预算的管理思路

全面预算是企业战略目标执行的重要一环，对企业战略目标的实施起着指导作用，是企业战略从书面落实到企业实际工作环节的推动力量。同时，因为企业战略体现在全面预算计划中，所以在全面预算计划的执行过程中，可对企业的人力、物力、财力进行监督、评价，最终形成有效激励。

此外，全面预算管理还可以通过突出重点工作内容来强化其对企业运营的管理力度，见表3-2。

表3-2　全面预算管理的重点工作内容

重点内容	具体表现
预算分析	管理做事的意义，也就是确定"如何有序办事""钱从哪里来"
财务决策	设定做事的目的，也就是明确"做事的结果""钱花到哪里去"
绩效考核	部署考核措施，也就是预先解答"做了事该怎么办""需要花多少钱"
预算编制	管理做事的内容，也就是"做什么事""如何有效地花钱"
预算执行	管理做事的方式，也就是解决"按何种要求做事""如何有序地花钱"

人力资源部门作为企业全面预算体系中的实施部门，既承担部门自身要执行的战略目标，又关注企业全面预算计划的执行和考核，为企业全面预算管理的执行发挥作用。

3.3　根据"三定"关系，做人力资源编制计划

人力资源成本预算是企业全面预算管理中的一部分，它从人力资源管理的角度出发，根据企业的发展战略、员工需求、成本费用统计情况，对下一年度的员工需求和成本费用进行预先的计算，然后依据预算来指导人力资源管理工作的顺利进行。

了解企业需要什么样的人力、需要多少人力、需要怎样的人力资源结构，是HR编制人力资源成本预算的前提。因此，这里先从人力资源编制计

划开始，一步步认识人力资源成本预算。

3.3.1　人力资源编制计划中的"三定关系"

HR在做人力资源编制计划时，需要遵从"三定关系"——定岗、定编、定员，以确定企业所需要的岗位数量、岗位性质、岗位要求等。因此，人力资源编制计划也被称为"三定"计划。

HR做人力资源编制计划时，要对企业承担具体工作的岗位及每一个岗位所需要的人数进行明确（定岗、定编）。同时，HR还要单独分析与定岗、定编密切关联的人力资源的素质问题（定员）。这就是HR做人力资源编制计划的"三定"工作。实际上，人力资源编制计划中的"三定"，是做人力资源编制计划的原则。

1. 定岗

定岗就是设定企业岗位的过程，通常根据企业的战略目标和工作流程而定，是解决企业向人力资源分配工作任务和职责的方式。定岗一般会按如下流程进行：明确长期战略和年度业务目标、主要工作流程→依据流程，设定企业架构与管理模式，界定权利划分→界定各部门关键职责分工及相互联系→依据关键职责，设置关键岗位→依据关键岗位，设置辅助岗位和支持岗位→依据环境及流程变化，调整工作岗位。

除了遵循基本的定岗流程设置人力资源岗位之外，定岗设置还要遵从以下原则。

（1）因事设岗原则：企业要厘清该做的事是什么，以事定岗，以岗定人。设定岗位时，要着眼于目前需要解决的问题及未来发展，按照不同业务部门的职责范围来划定岗位，同时，岗位与人才之间还要保持设置与配置的关系，不能颠倒。

（2）"整分合"原则：HR应该遵从企业规划、明确岗位分工，然后在分工的基础上实现有效整合。这样岗位职责会更明确，使岗位之间实现同步协调，进而发挥岗位最大的效能。

（3）最少岗位数原则：HR在设定岗位时，除了要考虑最大限度地节约人力资源成本外，还要考虑信息在岗位之间的传递效率，力求岗位设置不对信息在传递过程中造成失真影响。

（4）规范化效应原则：企业的岗位与岗位职责之间要保持规范，并且这种规范要具有稳定性和统一性。需要注意的是，在设定以脑力劳动为主的岗位时，要避免规范过细，给员工留出适当的发挥空间。

（5）客户导向原则：HR设定岗位时，不能单纯地满足企业的生产经营需求，还要体现一定的内外部客户需求。

（6）一般性原则：HR设定岗位时，应基于企业的正常经营需求，而不是例外情况。

2. 定编与定员

定编一般是在确定企业的工作流程后，分析流程中各个节点所需要的工作量，从而推算完成工作量所需要的人力资源数量；定员就是对所需要的人才素质进行分析。总体来说，定编与定员是指HR采取科学严谨的方法与程序，来为岗位配置相应素质的人力资源的过程。定编与定岗的基本流程为：明确长期战略和年度业务目标、主要工作流程→确定企业业务的人均财务指标，收集行业相关历史数据→依据上述数据，分别确定业务、职能、管理员工的人数→计算上述员工人数的总和，得出企业员工数→对照其他因素，对员工人数和结构进行调整→将员工数量在部门内进行分配，试运行后进行调整。

定编与定员工作能从数量上解决岗位人力资源的配置，还能为岗位确定出符合标准的高素质人才。所以，定编与定员要遵从以下原则。

（1）以企业经营目标为中心，结合各类人力资源的特点，科学合理地定编、定员。

（2）根据企业的直接经营人员数量及非直接经营人员数量的比例关

系，在保证比例协调的前提下定编与定员。

（3）定编与定员应由具有一定业务经验的高水平专业人士制定，以保证结果的专业有效。

3.3.2 "三定"关系基础上的人力资源编制计划表

在理解了人力资源编制计划的预算编制"三定"原则后，HR就可以依据"三定"基础制作人力资源编制计划表。一般地，人力资源编制计划的格式可参考表3-3。

表3-3　人力资源编制计划表

部门	岗位	级别	目前人数	编制计划	202×年人力资源编制计划											
					1月	2月	3月	4月	5月	6月	7月	8月	9月	10月	11月	12月
总经理办公室	主任															
	秘书															
	司机															
行政部	经理															
	主管															
	前台															
	档案管理员															
	行政															
	部门文员															
人力资源部	主管															
	招聘专员															
	薪酬专员															
	绩效专员															
	培训专员															
	网络课程编辑															
	部门文员															

（续表）

部门	岗位	级别	目前人数	编制计划	202×年人力资源编制计划											
					1月	2月	3月	4月	5月	6月	7月	8月	9月	10月	11月	12月
财务部	财务主管															
	资金管理专员															
	成本管理专员															
	会计师															
	出纳员															
小计																

HR在确定人力资源编制计划时，一般有两个思路：总量到个量的思路，个量到总量的思路。

1. 总量到个量的思路

先测定人力资源编制的总量，然后分解到不同的部门，完成计划的编制。这里会用到业务数据法、行业比例法、劳动效率定编法、专家评估法等。

（1）业务数据法：根据企业历史数据和战略目标来确定企业未来一段时期内各岗位人数。在使用历史数据时，要多关注历史销售薪酬、利润、市场占有率、人力资源成本等。

（2）行业比例法：在众多行业中，随着专业化分工与协作的发展，某类人力资源与企业人力资源的数量存在相对固定的比例关系，并且会随着其他人力资源数据的变化而变化。所以，企业可以利用类似的比例关系，直接确定辅助和支持性岗位的编制数量。

（3）劳动效率定编法：根据生产任务和人力资源的劳动效率，以及员工的出勤情况等因素来确定岗位人数，这种方法更适合以手工操作为主的岗位。

（4）专家评估法：组织企业经营管理者或内外部人力资源管理专家运用专业的知识，对企业的人员编制情况进行分析研究，然后以专业人士给出的观点及企业内部信息，对企业人力资源流动情况等做出预测分析，进而开展编制计划。

2. 个量到总量的思路

先测定不同业务部门的人力资源编制，再由下而上，汇总形成企业整体的人力资源编制。这里会用到标杆行业对照法、工作日志法、写实法等。

（1）标杆行业对照法：与行业比例法类似，就是参考行业中标杆企业的人力资源编制来制订本企业的人力资源编制计划。

（2）工作日志法：通过归纳、分析HR以往的人力资源编制工作记录，对企业的人力资源编制进行预测，从而实现人力资源编制计划的重新安排。

（3）写实法：就是深入到具体岗位的劳动生产现场，对整个工作日内的各种作业活动及其实践消耗如实记录，然后整理、分析、统计和研究，预测编制岗位人力资源需求。

3.4 了解薪酬策略，编制薪酬调整计划和预算

在企业发展的过程中，为了适应市场变化，同时也为了用更有竞争力的薪酬来吸引优秀的人才，企业的薪酬必须要不断调整。如果要对企业的薪酬进行调整，就要通过编制薪酬调整计划和预算来实现。

3.4.1 薪酬计划和预算的编制基础——薪酬策略

在对薪酬计划和预算进行调整前，首先要明确企业的薪酬策略以发现企业薪酬设计层面存在的问题。了解薪酬策略，首先要从薪酬策略的设定层面入手，见表3-4。

表3-4　薪酬策略的设定层面

设定层面		具体内容
薪酬总额策略	成本领先策略	企业每年编制人力资源成本预算时，结合企业战略目标确定人力资源薪酬总额。如果在预算期结束时企业完成超出战略目标的利润，就可以用一部分利润来激励员工；反之，则需要扣除部分人力资源薪酬。这样就可以保证薪酬总额和企业效益处于正常的变动范围
	质量领先策略	企业薪酬总额与市场薪酬相联系，不直接与企业效益产生联系。对于受人力资源质量影响较大的企业，要考虑选择质量领先策略，以确保薪酬的竞争力，吸引更优质的人才
	产品领先策略	薪酬总额是企业成本的必要组成部分，与营销费用等的作用是相同的。此时无论是提高还是降低人力资源薪酬总额，其目的都是为了提升产品的市场占有率
薪酬水平策略	薪酬领先策略	企业的薪酬水平与同行业、同地区企业的薪酬水平相比，处于领先地位。该策略可以帮助企业吸引更多优秀的人力资源。同时，企业还要保持利润高于竞争企业，这样才更能体现出自身的竞争力
	薪酬追随策略	确保企业的薪酬水平和同行业、同地区企业的薪酬水平相比，处于中游水平。采取该策略时，企业薪酬不具有充分的竞争力，但是企业的经营风险较小、收益稳定、用工成本较低，发展相对灵活和稳定，受市场影响较小
	薪酬滞后策略	企业的薪酬水平低于同行业、同地区企业薪酬的中游水平。此时企业在吸引人力资源方面不具有优势，只有处于衰退期或劳动力供大于求的企业，才会选择这种薪酬策略
薪酬结构策略	高弹性薪酬策略	变动薪酬是薪酬的主要部分，固定薪酬占比很低。该策略的激励性强，人力资源薪酬主要取决于绩效。不过人力资源的薪酬波动较大，容易造成不稳定感
	高稳定性薪酬策略	固定薪酬是薪酬的主要部分，变动薪酬占比很低。该策略下的薪酬安全性强，人力资源的薪酬水平取决于岗位。企业业绩对薪酬的影响小，不过员工缺乏激励
	折中性薪酬策略	固定薪酬和变动薪酬在薪酬中的占比相当。该策略既能给员工基本的薪酬保障，也能给予员工应有的激励。但是该策略的操作难度较大，容易向高弹性和高稳定性薪酬策略倾斜，并出现相应的问题
薪酬激励策略		不同类型的员工需要的激励是不同的，在薪酬激励策略的设计和使用上，HR要与企业决策者、业务部门管理者进行沟通，在充分了解薪酬激励重点目标人群对应的工种基础上，体现出对个性化需要的满足

3.4.2　薪酬计划和预算的编制依据——外部市场数据

到了具体的薪酬调整计划和预算编制环节，HR就要有目的地收集与应用企业外部的市场薪酬数据。借助市场外部薪酬数据调整企业的薪酬计划和预算编制，能让企业的薪酬与外部市场薪酬数据有效挂钩、保持相当的水平。

在获得外部薪酬数据时，HR就要对所在地区或行业人才市场进行调查，然后根据调查数据绘制出对比表格，列举相关数据，形成统计结果，依次对企业不同岗位的薪酬进行适当调整：科学合理地确定各个职级的薪酬上限、中位值、下限，将不同岗位的薪酬范围展示出来。表3-5是某企业在市场薪酬调查时所做的部分数据分析。

表3-5　市场薪酬调查数据分析

岗位	快销行业（万元）202×年		销售总额（万元）
	50分位	75分位	
研发与生产副总			
销售副总			
品牌副总			
企管副总			
财务总监			
客服总监			
人力资源总监			
总经理特助			
电商销售总监			
实体销售总监			
行政总监			

实际上，薪酬数据在市场上一般是经营机密。以下渠道能帮助HR获取较真实的市场薪酬数据。

（1）专业薪酬调查企业。这是最重要且最常用的市场薪酬数据来源通道，薪酬调查企业一般都有自己的数据库，会按照区域、行业、岗位、年代等标准对数据进行编排整理，能为HR提供非常有效的市场薪酬数据。

（2）猎头企业。猎头企业的猎头一般都比较了解行业的薪酬情况，他们能够提供更集中和更具有针对性的市场薪酬数据。需要注意，猎头企业出于自身利益的考虑，通常给出的薪酬数据会略高于市场数据。

（3）公开渠道。主要是指一些招聘网站，在这些招聘网站上，HR可以采集到覆盖面广泛、数量庞大的薪酬数据。

（4）企业共享。这是指HR可以通过人际网络、行业联盟等，在企业之间相互进行薪酬数据的调查收集，进而实现薪酬数据的共享。

（5）应聘者。一般来讲，应聘者的现有薪酬及期待薪酬水平，是市场薪酬数据的真实反映。所以，HR在面试工作中，随时了解并记录应聘者的薪酬期望水平数据，可作为自己分析、设计企业薪酬的参考依据。

3.4.3 薪酬预算的影响因素

做薪酬预算的目的是在薪酬管理过程中能够对一系列的成本开支进行权衡和取舍。同时，为了确保薪酬预算的科学合理性，做薪酬预算要保持谨慎，要考虑影响企业薪酬预算的内部资源问题和战略目标因素。

1. 企业内部资源的情况

（1）关注人力资源变动情况。企业在编制薪酬预算时，要综合考虑人力资源数量和质量的变化对薪酬总额的影响。一般来说，薪酬总额与人力资源数量成正比，而且当企业新进的人力资源素质普遍高于流失人力资源的素质时，企业需要支付更高的薪酬；反之，则不需要支付较高的薪酬。

（2）上年度加薪幅度。在制定本年度的薪酬预算时，企业还要参考上年度的加薪幅度，确保企业不同年份的薪酬政策能够保持一致性与连贯性。

（3）财务状况。在企业其他情况不变的情况下，财务状况也是决定企业薪酬预算水平的一个重要因素，企业财务状况越好，薪酬预算水平越会有所提升；反之，则薪酬上涨幅度会有所下降。

2. 企业战略目标

薪酬预算的有效执行，离不开对企业战略目标的解读，这种解读是根据以往年份企业经营业绩及目前企业经营状况，以企业盈利空间为前提，编制出契合企业战略目标及经营实际的薪酬预算。这样，才能保证具体的薪酬预算措施能够有效开展。

为了更好地解读企业的战略目标，人力资源部门可以将企业的战略目标分解为部门业务目标、财务目标、人力资源目标，通过解读每一个版块所应承担的目标任务，再整体把握企业的战略目标，从而制定合理的薪酬预算。

3.4.4　控制薪酬预算的关键点

薪酬预算的开展，还要对薪酬预算的关键点进行有效且精准的控制，主要有以下需要控制的关键点。

1. 计划套表模板

合理编制计划套表模板，是薪酬预算控制的前提。人力资源部门应与业务部门进行有效沟通，在此基础上编制计划套表模板。计划套表模板的设定步骤如图3-2所示。

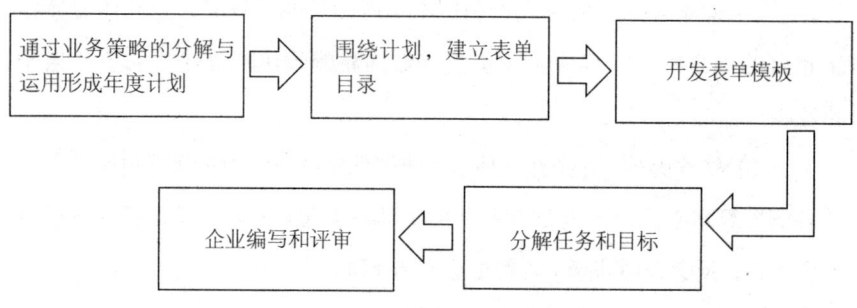

图3-2　计划套表模板的设定步骤

2. 预算模板

薪酬预算模板的设定步骤如图3-3所示。

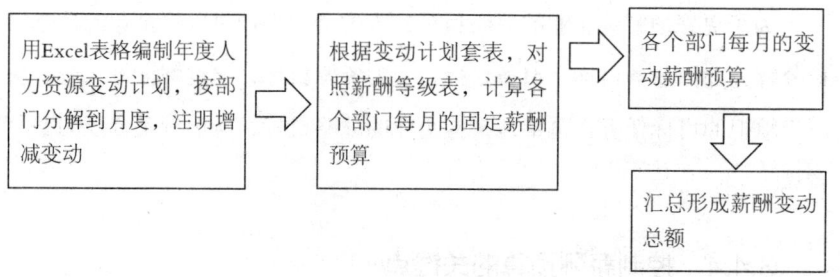

图3-3　薪酬预算模板的设定步骤

3. 薪酬预算控制内容

薪酬预算要控制的内容是固定薪酬成本和变动薪酬成本。

（1）固定薪酬成本：指月度或年度必须发放的薪酬所占用的现金流，与企业的人力资源总量有关，主要用于稳定人力资源队伍，提升公平性。

固定薪酬预算的编制要根据部门、岗位和人力资源数量与种类确定，并考虑整个企业的招聘周期和员工的到岗时间，以确保固定薪酬能充分发挥公平性。

（2）变动薪酬成本：指依据一定的条件而发放的现金流（奖金、激励兑现等），此部分薪酬通常与业务目标有明确的关联，还有着良好的激励效果。

在编制变动薪酬预算时，要预测该预算与营业收入、毛利、净利润率之间的逻辑关系，并评估变动薪酬的激励效果能否与企业下一年度新产品（项目）上线计划实现同步。

3.5　明确成本项目，编制招聘计划和预算

企业的招聘计划一般根据用人部门的增员需求而开展，HR会结合企业的人力资源成本预算，对一定时期内需要招聘的人力资源岗位、人力资源数量、人力资源资质要求等进行明确，然后依据要求做好招聘成本预算，来编制招聘计划和预算。

3.5.1　招聘成本的构成项目与评估分析

招聘计划和预算的编制，离不开对企业历史招聘成本的研究。对于一家持续经营的企业来说，招聘活动一直都存在，企业的HR在招聘计划与预算编制启动之时，要了解构成招聘成本的各个项目。

1. 招聘活动中的成本

就招聘活动而言，在其开展的过程中，成本花费体现在表3-6所列出的方面。招聘活动中的成本项目，也是招聘计划和预算编制过程中最关注的点。因为，只有招聘成本为企业带来合适的人才时，才算是"将钱花到了点子上"。

表3-6　招聘成本的构成项目

构成项目		具体内容
对外成本	招聘成本	招聘过程中发生的各项费用，主要是招聘部门的直接劳务费用、直接业务费用，例如媒体广告费、展位费、展台制作费、异地招聘差旅费、其他杂费等
	选拔成本	对应聘者进行鉴别选择而发生的测试费用。一般来说，选拔外部人力资源、技术型人力资源、管理类人力资源的测试费用较高
对内成本	录用成本	将合适的人力资源录用到企业而发生的费用，主要有录取手续费、搬迁与安家费、旅途补助等。被录用人员的职务越高，录用成本就越高
	培训成本	培训已录用人员进入具体工作岗位所发生的费用，主要有讲师费用、教材费用、企业外培训费用等
非必要成本	离职成本	新进人力资源离职带来的损失，主要有处理人力资源离职带来的额外时间支出、解聘费用、临时的加班补贴、应付薪酬和福利等直接成本，以及新进人力资源离职前工作效率下降、替补人力资源学习成本、客户或交易损失和企业士气下降等间接成本
	重置成本	招聘方式存在方法问题损失或程序错误导致招聘失败需要重新招聘所产生的费用，也就是招错人，需要重新招聘的成本，实质上是前面五项成本的再一次累加

2. 招聘活动中的成本评估分析

对招聘活动中的成本项目进行评估分析，也就是对招聘活动中的费用开支进行调查、核实，可以通过以下几个公式对招聘成本进行评估分析。

招聘成本总效用＝录用人数÷招聘总成本

招聘成本效用＝应聘人数÷招聘期间费用

员工选拔成本效用＝被选中的人数÷选拔期间费用

员工录用成本效用＝正式录用人数÷录用期间费用

根据招聘成本的评估分析结果，可以对企业的招聘效率进行鉴定：招聘成本越低，录用员工质量越高，则招聘效率越高；反之，则招聘效率越低。

通过对招聘成本的评估分析，HR及企业管理者会更明确招聘过程中的成本费用支出情况，对应支出项目、不应支出项目、可节约支出项目加以区分，以有效节约人力资源招聘成本，提高招聘效率。

3.5.2　编制招聘预算的影响因素

在编制招聘预算的过程中，还存在一些影响因素，HR在招聘预算编制过程中，要对这些影响因素进行了解。

1. 现状因素

招聘预算的编制基础是历史招聘成本，在分析历史招聘成本的基础上，可以开展新的招聘预算编制。所以，在招聘预算编制的最开始，就要对这些历史成本数据进行收集，以进行招聘现状分析。招聘预算编制过程中需要了解的现状问题见表3-7。

表3-7　招聘预算编制过程中的现状问题

现状问题	具体内容
员工招聘方面	过去一年企业招聘了多少新员工？这些员工分别担任企业的哪些岗位
	过去一年入职的员工还留存多少？留存中的哪些人得到了提拔或晋升
	有多少人已离职？离职原因是什么
招聘渠道与方法方面	哪一种招聘渠道或招聘方法更容易招到适合企业的人力资源
	不同渠道或不同岗位的平均招聘成本是多少
招聘团队方面	招聘团队的规模预计有多大？平均每人的招聘产出是多少
	团队内哪些员工比较有效率？原因是什么
	目前招聘团队能力提升的瓶颈在何处
	过去一年内，哪些招聘员工成长比较快，新的一年中，他们中哪些人承担的职责更多

通过对企业招聘方面的现状问题的回答，在具体的招聘预算编制过程中，这些对现状问题的回答是招聘计划与预算编制的重要参考依据。

2. 目标因素

目标因素是指企业各业务部门在人才需求方面的目标。在编制招聘预算之前，HR要对企业用人部门的具体需求进行了解，甚至与用人部门进行用人需求的研究和讨论，以获得更多与业务部门用人需求的相关信息，确定用人部门在时间期限上的具体要求。同时，在招聘工作开展后，HR还要与用人部门及时沟通，以实现招聘工作的优化。

3. 时间因素

在编制招聘预算时，HR需要梳理招聘计划时间线，参考历史数据计算各个招聘时段需要招聘的人员数量。同时，HR还可以结合招聘渠道或供应商提供的报价，推算每一个招聘时段需要花费的成本金额。

4. 项目因素

在编制招聘预算的过程中，还要对预算中的各个项目进行分析，以便更高效地编制招聘预算。招聘预算中的项目内容主要有以下几条。

（1）基础开支，例如购买招聘网站套餐的花费、招聘员工的薪酬与绩效奖励等。

（2）固定开支，例如招聘供应商花费、招聘活动花费等。

（3）技术投入，例如测评工具、员工和平台的使用费用，背景调查服务费用等。

（4）其他开支，内部推荐项目的奖励支出、校园招聘项目的支出。

针对招聘过程中的这些开支项目，HR可以编制成一张明细表，如果某些项目的开支比较大，还可以针对开支较大的项目继续编制明细表，以清晰展示这些项目支出的具体细节，便于管理。

3.6　确定培训需求，编制培训计划和预算

培训主要是为了帮助新员工快速掌握企业的工作流程或快速适应相关岗位的工作方式等，以及帮助老员工不断提升自己的业务技能而设置的。培训工作的完成，需要一定的成本支持，无论是培训工作的准备阶段，还是培训工作的实施阶段，以及培训结束后的评估阶段，都需要花费一定的成本来支持相应的活动继续下去。

3.6.1　HR要了解的培训管理工作流程

在编制培训计划与预算之前，我们先了解HR的培训管理工作流程，在熟知具体培训管理工作流程的基础上，更容易编制出适合企业的培训计划和预算。一般来说，培训管理工作的流程由以下几步构成。

1. 明确培训需求

培训需求可以由业务部门直接提出，还可以由HR根据对员工培训需求的问卷调查或访谈结果而提出。在培训需求提出后，HR就要参照前一年的绩效考核情况，综合得出不同业务部门、不同人力资源在不同层面上的培训需求。

2. 确认培训需求

在培训需求明确后，HR还需要根据企业的战略目标和各业务部门的业务目标，以及员工个人职业发展规划、企业培训计划等对培训需求进行统筹规划，分析并确认培训需求，然后报决策层审批。

3. 编制培训计划

在培训需求得到决策层审批同意后，HR就可以编制具体的培训计划。

培训计划可以有不同的类型（图3-4），企业可以根据自己的需求选择具体的培训类型。

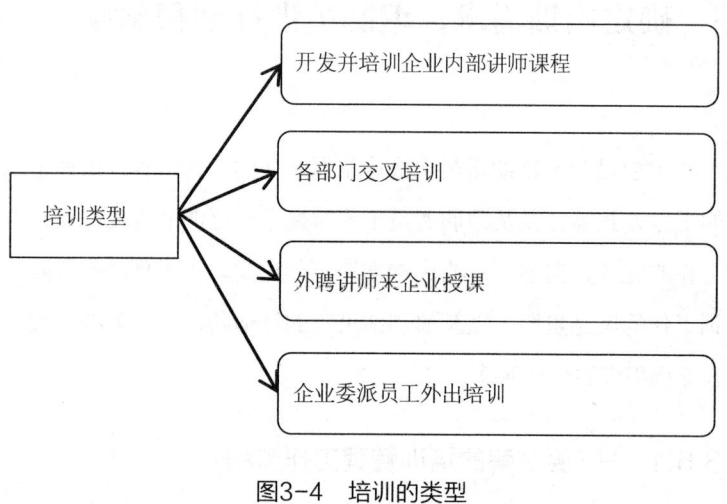

图3-4 培训的类型

4. 跟进培训结果

在培训工作完成后，HR还需要跟进培训结果，这一阶段的主要任务是对培训效果进行调查、核算培训成本、了解培训参与者的反馈等。HR要及时将这些培训结果提供给各个业务部门，同时完成培训工作的总结。

3.6.2 培训成本构成项目及预算编制影响因素

1. 培训成本的构成项目

培训成本贯穿于培训工作的准备阶段、实施阶段、评估阶段，可以按直接成本和间接成本进行划分。

（1）直接培训成本：指企业培训实施过程中，直接用于培训对象的费用，包括讲师成本、部分固定费用、运营成本。

（2）间接培训成本：指企业培训实施过程中，为培训项目开展所支付的费用。

2. 培训预算编制的影响因素

（1）培训预算编制的内部影响因素，主要是指企业新一年的内部情况变化、经营策略改变等，会直接影响企业的培训预算编制。

此外，企业现有人力资源的素质高低会直接决定培训预算的高低。也就是说，企业的人力资源素质越高，培训费用就越低；反之，则培训费用越高。

当然，培训内容的结构也会影响培训预算的支出，一般普通的培训成本较低，而特殊的或专项的培训，就需要花费较高的成本。

在影响企业培训预算编制的内部因素中，决策者的态度也有一定的影响，因为企业培训计划最终都是由决策者批准，决策者在审批环节容易被个人意志所主导，导致培训预算编制受到正面或负面的影响。为了尽可能地让决策者对培训预算的编制产生正面影响，让培训预算付诸实践，人力资源部门要采取以下方法。

①描述培训效果：将培训能发挥的效果清晰地描述给决策者，以获得决策者的认同。

②描述项目的不可或缺性：将培训项目对企业新一年工作的重要性及其价值描述给决策者，以增加决策者对培训的认可度。

③描述培训对员工关键能力的提升：培训能从整体上提升企业员工的素质，一些专业性的培训对提升企业员工的关键能力有很好的作用。

④与业务部门共同推动：培训工作的顺利进行，除了人力资源部门统筹安排之外，业务部门也需要积极配合。因此，人力资源部门可以与业务部门共同推动培训预算落地，来让决策者更重视企业的培训活动。

（2）培训预算编制的外部影响因素，主要是指国家政策导向、新法律法规与行业规范、新的市场动向、人力资源市场变化等因素，都会对员工现有的能力、知识、素养形成一定的挑战，从而直接导致培训费用的增加。

【HR说】与人力资源成本管理相关的财务管理规定

企业的财务部与人力资源部可以联手编制一些适合人力资源成本管理的财务管理规定，以便于人力资源部门更有效地进行人力资源成本的预算编制。以下是能够对人力资源成本预算起到帮助的财务管理规定。

1. **与人力资源部门日常办公费用相关的财务管理规定**

人力资源部门的日常管理费用可以按年度编制预算，也可分解到月度预算，无论是哪种时间范围的预算，都要在预算中包含招待费、宣传费、交通费、通信费、差旅费、办公杂费等费用。

2. **与业务部门人力资源管理相关的财务管理规定**

各个业务部门也需要有人力资源管理工作的相关财务管理规定，在业务部门的日常人力资源管理工作中，会涉及人力资源软件费用、咨询费用等，这些费用可以由人力资源部门编制专项预算加以核算。

3. **汇总编制成本预算的财务管理规定**

企业各业务部门编制人力资源成本预算后，由人力资源部门统一汇总。在合并的过程中，要对重复部分进行合并，并删减其中的冗余部分。如果存在部门计划或企业战略目标没有涉及的内容，则由人力资源部门与业务部门进一步沟通，然后再做取舍的决定。

4. **人力资源成本审核的财务管理规定**

企业应该设置好与人力资源成本预算相关的审核制度，明确各个角色的审批权，并由决策部门召开会议，再次对人力资源成本进行审议核准。在确保人力资源成本预算符合企业全面预算规定的前提下，执行人力资源成本预算。

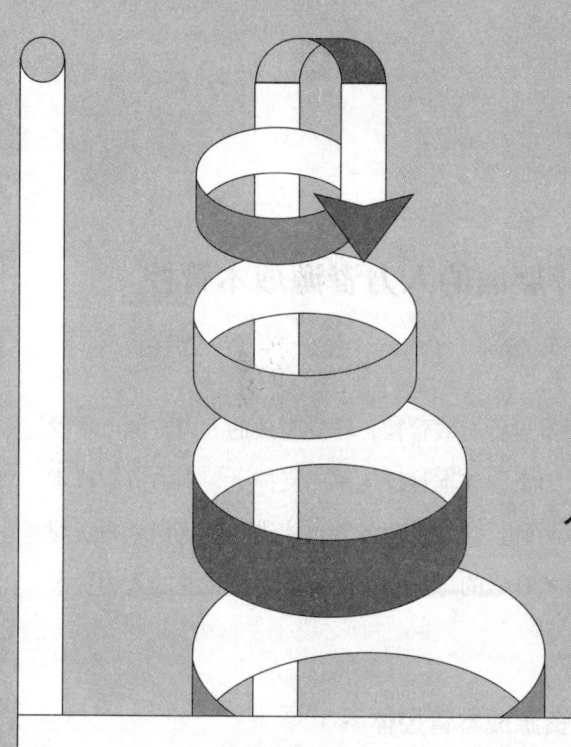

第4章

人力资源管理体系构建
层面的成本管控

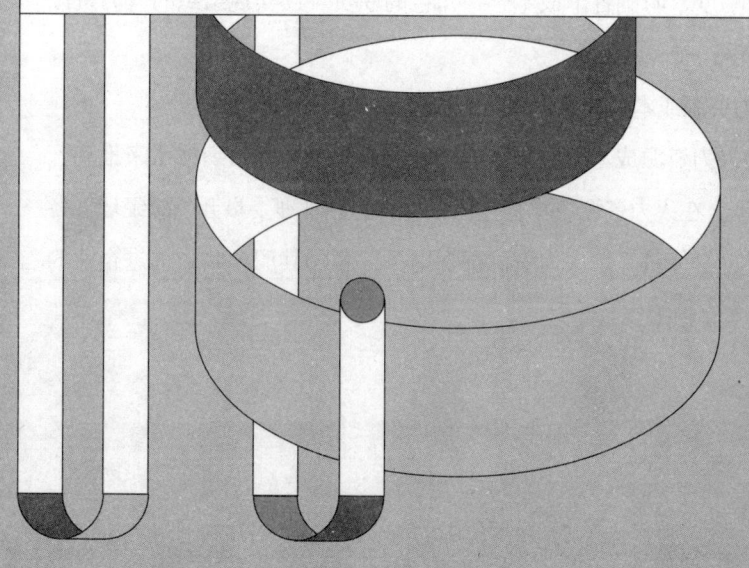

通过对组织体系的全面认识，更有利于HR统筹规划、集中有效资源解决企业的人力资源成本管控工作。同时，HR还可以围绕企业的核心能力，优化组织结构，有效设置岗位，精简岗位编制，从而在整体上认识和把控企业的人力资源环境，以高效进行人力资源成本管控。

4.1 组织机构设计层面的人力资源成本管控

要对企业的人力资源成本进行有效管控，建立有效的人力资源成本管控体系是非常必要的。在人力资源成本管控体系的支撑下，人力资源成本管控各方的职责将会进一步明确，同时企业各方也能进一步认识人力资源成本管控的必要性，以在技术升级的每一刻都能妥善解决企业的人力资源成本问题。

4.1.1 什么是人力资源成本管控体系

企业的人力资源成本管控问题，单凭企业人力资源部门是难以实现的，而是需要在人力资源部门的统筹下，企业各业务部门积极地参与进来，公司上下一致，共同面对企业的人力资源成本管控问题。这就需要组织拥有一个完整的人力资源成本管控体系，利用这个管控体系把握各层面的成本管控幅度、明确各个成本管控角色的职责，以实现组织的人力资源成本管控工作。

1. 人力资源成本管控组织体系

企业的人力资源成本管控需要有一个具有执行力的组织体系来推动，如图4-1所示。在人力资源成本管控体系中，预算管理委员会、总经理、各部门管理者、全体员工、人力资源部、财务部各司其职，共同推进企业的人力资源成本管控工作。

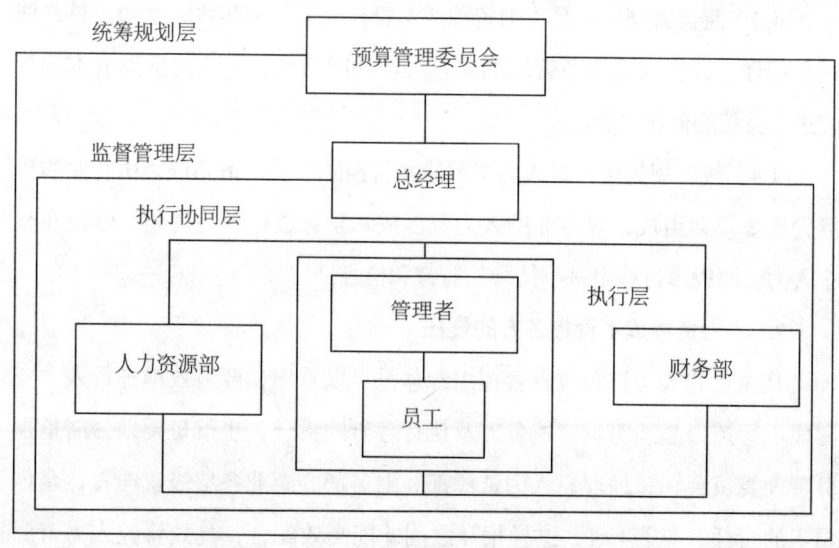

图4-1　企业的人力资源成本管控组织体系

从企业的人力资源成本管控组织体系可以看到，企业的人力资源成本管控组织体系分为四层：执行层、执行协同层、监督管理层、统筹规划层。越往内层，越接近具体的人力资源成本管控执行层；越往外层，越接近人力资源成本管控的管理顶层。无论是人力资源成本管控的执行层，还是人力资源成本管控的顶层，每一层都有与其身份相适应的成本管控职能。

（1）执行层：是企业人力资源成本管控的第一层，也是人力资源成本管控的第一道防线，由各部门的管理者和员工共同组成。如果各部门管理者的人力资源成本管控到位，员工能够积极配合，人力资源成本就能在第一层得到管控。

（2）执行协同层：是人力资源成本管控的第二道防线，主要由人力资源部和财务部组成，共同对各部门的人力资源成本管控起到考核和提醒的作用，同时也是人力资源成本管控的执行部门。

（3·）监督管理层：是人力资源成本管控的第三道防线，主要由总经理或总经理与分管人力资源管理的副总经理共同组成，对人力资源成本的管控进行持续的监督管理。

（4）统筹规划层：是人力资源成本管控的最后一道防线，由企业的预算管理委员会组成，对企业的人力资源成本预算进行统筹规划，以及在整个人力资源成本过程中进行持续的监督和检查。

2. 人力资源成本管控各方的责任

从企业的人力资源成本管控组织体系可以看出，要有效地进行人力资源成本管控，必须明确管控各方及执行各方的责任，也就是要划分清楚预算管理委员会、总经理、人力资源部、财务部、企业各层级管理者、全体员工的责任，见表4-1，这样相互之间才能高效配合，高效管控人力资源成本。

表4-1　人力资源成本管控各方的责任

成本管控各方	具体责任
预算管理委员会	制定人力资源成本管控的战略方向
	把握人力资源成本预算的制定思路
	审批与人力资源成本相关的制度流程
	审批与人力资源成本管控相关的绩效管理方案
	对人力资源成本预算的修改提出意见
总经理	根据预算管理委员会制定的人力资源成本管控战略方向，制定人力资源成本管控的顶层指导和设计方案
	落实企业的人力资源成本预算
	审核与人力资源成本相关的管理制度，并提出修改意见
	审核与人力成本管控相关的绩效管理方案，并提出修改意见
	监督和审查人力成本预算的执行情况

（续表）

成本管控各方	具体责任
人力资源部	编制与人力资源成本管控相关的制度流程，报总经理和预算管理委员会审批
	编制与人力资源成本管控相关的绩效管理方案，报总经理和预算管理委员会审批
	监控和考核企业各部门人力资源成本预算的执行情况
	对人力资源成本管控较好的部门提出绩效或制度方面的奖励建议
	对人力资源成本管控较差的部门提出绩效或制度方面的惩罚建议
财务部	提供与人力资源成本相关的数据
	编制与人力资源成本相关的报表（有些企业的这些报表由人力资源部负责）
	监督和预警人力资源成本预算执行情况
企业各层级管理者	执行企业人力资源成本管控的整体战略思路
	具体实施人力资源成本监控的制度和流程
	日常管理行为中严格践行企业管控人力资源成本的理念
	不断提高部门员工的劳动效率
全体员工	认同并配合企业管控人力成本的行为
	积极提升自身的劳动效率

4.1.2　技术升级与人力资源成本管控

用人成本上升是企业面临的一个管理挑战。不过，随着技术的升级，逐渐出现了可以替代人工的机器人，对企业来说，这不仅是一种技术进步，更是一种管理进步。当企业的某些岗位逐渐被人工智能机器人等替代后，企业的用人成本就会有所改善，同时企业的员工管理难度也会有所降低。

所以，面对技术升级和管理技术的提升，我们坚持"能不用人就不要用人"的理念，尽可能地用机器人替代一些无技术含量、重复性、枯燥的工作程序，解放人力。例如，在物流配送领域逐渐兴起的无人配送，就是使用无人机、无人货车等来解决物流最后环节中的配送问题。

在机器人、自动化等人工智能技术的成熟与大范围应用下，无人超市、无人餐厅、无人酒店等的出现，这些原本注重人与人之间服务的第三产业也渐渐通过技术的升级降低人力资源成本。

需要明确，人工智能技术在企业的应用，可以有效地节省企业的用人成本，但是用技术替代人力并不是完全否定人力资源，而且针对企业的岗位需求，有选择性地用人工智能技术替代企业的人力资源。同时，用人工智能技术替代人力并不是认为技术高人一等，而是将技术作为一个工具，企业要关注到技术升级度，并将技术应用到企业的人力资源成本管理当中。

4.2 完善系统化制度建设，规范人力资源成本管控

企业人力资源成本管控的实施，还需要有一定的制度做保障。制度作为大家共同遵守的行为规范和准则，能保障人力资源成本管控有效实施。因此，在人力资源成本的管控过程中，企业要建立和明确相应的管理制度，以规范地实施人力资源成本管控，更有利于人力资源成本管控落地。

4.2.1 三方面着手建立人力资源成本统计分析制度

在人力资源成本的管控过程中，人力资源成本的分析制度制定至关重要。企业建立明确的人力资源成本分析制度，那么在人力资源成本的统计分析环节，更容易发现问题、查找问题、分析问题和解决问题，基于此，企业在做人力资源成本管控时，要从以下三个方面建立能支持企业有效进

行人力资源成本管控的人力资源成本分析制度。

1. 人力资源成本比较分析制度

在确定人力资源成本比较分析制度时，首先要规定人力资源成本的比较分析方式，也就是企业要对人力资源成本的历史数据和现状采取哪种方法进行分析；其次，企业要规定人力资源成本的比较对象，也就是在比较企业人力资源成本时，是只从企业自身的数据着手，还是将同行业竞争对手的人力资源结构也考虑进来；最后，企业要规定人力资源成本的比较周期，也就是按月度还是按年度进行人力资源成本的数据分析。

2. 人力资源成本数据测算制度

在确定人力资源成本数据测算制度时，企业要明确规定人力成本数据的测算方式。一般来说，企业要根据经营状况的基础数据对人力资源成本支出的最高限度和适应水平进行测算，结合企业的经营状况，在综合分析的基础上，确定适宜的人力资源成本水平。

3. 人力资源成本定期分析制度

在确定人力资源成本定期分析制度时，企业要规定人力资源成本的定期分析方式。一般地，根据企业对人力资源成本数据的测算分析，可以定期分析人力成本和支出情况，分析成本偏离目标的原因，并研究管控的具体措施。

4.2.2 确定各岗位的人力资源成本责任制度

企业要在组织层面进行人力资源成本管控各方责任的划分和组织体系的设计，也就是以制度的形式从以下四个方面规定各岗位的人力资源成本管控责任，见表4-2。

表4-2　各岗位的人力资源成本责任制度

责任制度	具体内容
成本总额的模拟核算规定	在某一个时间节点前进行整个企业的总成本和总收益的模拟核算，从而根据人力资源成本在总成本的占比情况，确定必须管控的人力资源成本额
成本费用指标的分解规定	将成本总额自上而下层层分解的各项具体指标
	各项人力资源成本落实到具体部门、岗位的各项指标
	将各岗位负责人的人力资源成本的具体指标写入岗位说明书
	确定并定期调整岗位说明中的人力资源成本指标
绩效考核方面的规定	通过什么样的机制来让各岗位了解自己负责的人力资源成本指标额
	用什么样的方式保证各岗位将人力资源成本指标达到该岗位负责的标准
	各人力资源成本是否达成对岗位的影响
	各人力资源成本支出项目的审批权限，不同管理层级应当具有不同的审批权限
审批权限方面的监控预警规定	人力资源部/财务部对各项人力资源成本的支出额及人力资源成本费用率和劳动分配指标的动态监控
	如果出现超过人力资源成本费用率和劳动分配率标准的情况，要及时做出预警
	具体的人力资源成本监督人要到岗实施监督职责

4.2.3　系统化制度编制的注意问题

用一系列系统化的制度来管控企业的人力资源成本是企业的切实需要。因此，企业要根据自身的实际情况制定能够全面覆盖企业管理范围的系统化人力资源成本管控制度。在编制能为企业最大限度服务的人力资源成本管控制度时，要注意以下关键性问题。

1. 问题导向要正确

企业编制制度时应当注意优先级顺序，也就是对企业需要优先解决的问题、最大的痛点问题优先制定相应的制度，并逐渐通过实践加以规范，而不是随意根据网络资料来确定企业解决问题的制度。

2. 量化制度中的数据与指标

在管理实务中，为了能够对人们的操作过程进行明确的界定和辨别，必须要有可量化的规章制度进行支持。也就是规章制度中不要出现一些模糊词，例如"数额巨大""金额较高"等，而应该给出清晰明确的数据和指标，这样更便于制度的执行和实际问题的解决。

3. 做好制度的执行记录

在制度执行的过程中，还需要详细做好员工遵守与违反制度的记录，也就是对制度执行的事实、结论、证据资料等进行记录，来检查制度的执行情况，有效落实员工的晋升、奖惩、培训、福利等事项。

用制度解决企业人力资源成本管控中的一些问题，是一种规范的操作，对提高企业的人力资源成本管控效率有很好的促进作用，企业应该在全面理解制度的基础上，结合企业实际情况，制定出能够适应企业、满足企业需求、解决企业问题的制度，来有效管控企业的人力资源成本。

4.3　优化流程，提高人力资源成本管控效率

流程管理是HR工作中的一个核心点。HR要想通过流程管理实现人力资源成本管控，就需要深入认识流程管理，站在价值链的视角上发现企业的流程问题。改善和解决企业的流程问题，对于推进HR的管理工作至关重要，同时还能帮助企业有效节约人力资源管控成本。

4.3.1　通过价值链找到企业的价值所在

HR要在流程层面管控人力资源成本，首先要认识价值链，通过了解企业的价值链，发现企业的价值所在，从而把控企业的核心价值。再通过对价值链对应流程的优化，提升企业的运行效率，从而让人力资源发挥出有效的价值。

1. 认识价值链

价值链是管理学家迈克尔·波特提出的。在价值链理论中，波特指出：每一个企业都是在设计、生产、销售、发送和辅助其产品的过程中进行种种活动的集合体。所有这些活动可以用一个价值链来表明。

因此，企业通过一系列的活动来创造价值，这些活动可以分为基本活动和辅助活动，如图4-2所示，这些互不相同但又相互关联的生产经营活动，构成了一个价值创造的动态过程，即价值链。于是，企业的价值便通过这些活动来流动和传递。

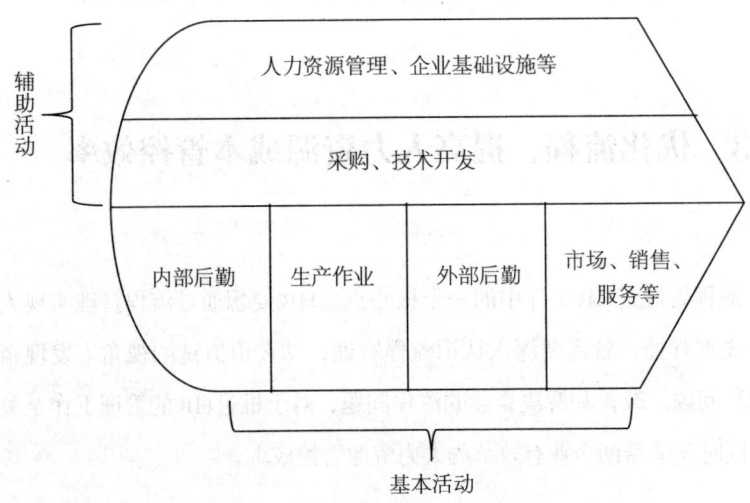

图4-2　价值链的基本活动构成

2. 为企业的关键价值位配置人力资源

在认识企业自身的价值后，就可以沿着价值链的方向来寻找企业最大价值的关键环节，这些关键环节也就是企业的关键价值位。那么，为了有效保持这些关键价值位的战略优势，企业就要配置自己的人力资源，具体来说，就是将核心人力资源聚焦在这些关键价值位，关键人力资源围绕在关键价值位，其他人力资源服务于关键价值位。

依据价值链思想管理人力资源，能让企业的人力资源有效配合企业的业务活动，从而让人力资源为企业的价值创造发力。

4.3.2　分解价值链，梳理企业流程

在找准企业自身的价值链后，企业就需要将价值链进行分解，以划分成不同的流程，然后通过梳理这些流程来优化人力资源成本管控。从价值链入手的人力资源成本管控，要求HR对业务体系的组织方式、运行系统、流程层级化的基本架构进行完整的梳理。企业的业务流程层级如图4-3所示。

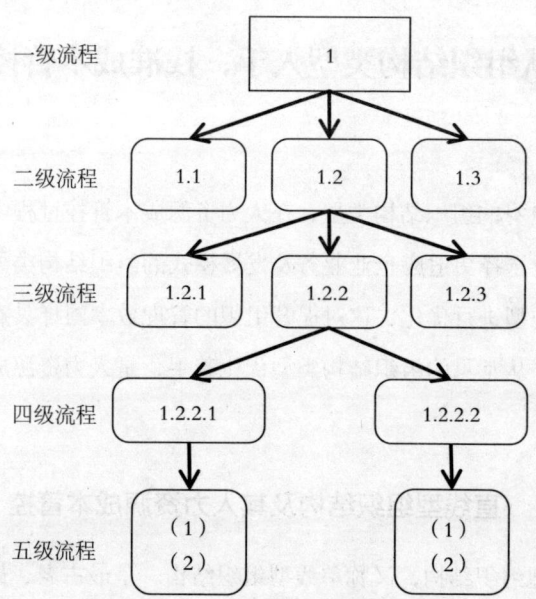

图4-3　企业的业务流程层级

一级流程：企业业务层面的核心价值链，是整个企业中的最高级别流程。

二级流程：企业业务层面的流程链，是对一级流程的流程化图示。

三级流程：更详细的流程图示，每一个平行的流程框代表一组生产行动。

四级流程：具体的行动图，每一个平行的流程框代表组成该流程的一系列具体行动。

五级流程：完成业务的具体步骤，在这一流程一般只有一个流程框，表示完成业务的一系列详细步骤信息。

依据价值链进行流程分解时，由于流程使用者的使用目的不同，因此，价值链并不是分得越细越好，而是应当根据需要有选择性地分解。通过有效的价值链分解，企业往往能够发现关键环节中存在的流程不清、流程冗余问题，然后借此分解过程解决相应的问题。

4.4　从组织结构类型入手，找准成本管控的切入点

企业自身的组织结构类型，在人力资源成本管控过程中发挥着重要的作用，企业选择更适应企业业务及发展模式的组织结构类型，或对自己的组织结构类型进行优化，这对提升组织的管理效率同样具有很好的促进作用。所以，从常见的组织结构类型优化着手，是人力资源成本管控的一个切入点。

4.4.1　直线型组织结构及其人力资源成本管控

直线型组织结构，又称单线型组织结构，是最古老、最简单的一种组

织结构类型。

在直线型组织结构中，企业的最高层管理者对若干下属实施直接控制，并由下属执行一系列的工作任务。也就是上级在其职权范围内具有直接指挥权和决策权，下属必须服从。

在人力资源成本管控方面，直线型组织结构的优缺点见表4-3。

表4-3　直线型组织结构中的人力资源成本管控优缺点

优缺点	具体内容
优点	1. 结构简单，命令统一 2. 权责分明 3. 联系便捷，易于适应环境变化 4. 管理成本低
缺点	1. 有违专业化分工的原则 2. 权力过于集中，易导致力利滥用 3. 在组织规模较大的情况下所有管理职能都集中由一个人承担，是比较困难的 4. 部门间协调性差

4.4.2　职能型组织结构及其人力资源成本管控

职能型组织结构是最简单，也是最传统的组织类型，我国的大多数中小企业都采用这种组织类型。职能型组织结构是自上而下的纵向管理形式，根据职能会划分出不同的部门，然后各部门各司其职、分工协作，以实现组织的整体目标。

在职能型组织结构中，各职能部门有权在自己的业务范围内向下级发号施令，所以下级除了要接受直属上级主管的指挥外，还要接受上级各职能部门领导的指挥。虽然职能型组织结构能适应现代化工业企业比较复杂的生产管理，而且还能将管理工作做得比较精细。但职能型组织结构也有一些缺点，它在一定程度上妨碍了必要的集中领导和统一指挥，会形成多头领导的现象，不利于建立健全各级主管的责任制。

在人力资源成本管控方面，职能型组织结构的优缺点见表4-4。

表4-4　职能型组织结构中的人力资源成本管控优缺点

优缺点	具体内容
优点	1. 组织结构简单、分工比较明确 2. 权责划分比较清楚，便于部门和岗位开展工作 3. 自上而下的管理成本相对较低，高层级之间的管理关系比较直接
缺点	1. 由于组织结构是纵向型的关系管理，各职能部间的横向配合容易出现问题 2. 运行过程中可能会过分强调各部门间的专业分工，忽略相互之间融合统一的关系 3. 组织达到一定规模后，可能会出现沟通不畅的问题

4.4.3　事业部制组织结构及其人力资源成本管控

事业部制组织结构最早被美国企业所采用，由于它是一种高度集权下的分权管理体制，能适用于规模大、产品品种多、技术复杂的大型企业，因此，这种组织结构类型也被我国大型制造业企业广泛地采用。

事业部制组织结构也遵从一定的职能型组织结构逻辑，最高层为总经理，然后按照地区、市场、产品或顾客等属性，分成多个事业部。各事业部之间通常是独立经营、独立核算的关系，有一定的自主权。各事业部的负责人对本事业部的生产、销售、管理、业绩等负责，而总经理向事业部下达任务指标和绩效指标，对事业部的财务、人事任免及其他职能具有控制权和监督权。

在人力资源成本管控方面，事业部制组织结构的优缺点见表4-5。

表4-5 事业部制组织结构的人力资源成本管控优缺点

优缺点	具体内容
优点	1. 企业灵活性和适应性更强 2. 权力下放，总部的高层管理者能够从日常的管理工作中解放出来 3. 对权责利的分工相对比较明确 4. 通常能保证企业得到比较稳定的业绩收入 5. 因为有了权力的下放，通过各事业部的独立经营，有助于培养整个企业管理团队的储备干部
缺点	1. 因为管理结构的复杂性，会使横向与纵向之间的沟通、协调更复杂 2. 这种组织结构需要的管理机构较多，因为会面临较大的管理成本支出 3. 需求的管理人员比较多，对管理人员的素质要求也比较高 4. 如果管控不到位，可能会架空总部的领导，弱化总部对事业部的监控 5. 因为产品或市场的原因，各事业部之间可能会存在竞争，产生内耗，而且这种内耗有时因为存在利益的纠葛，上级很难协调

4.4.4 矩阵型组织结构及其人力资源成本管控

矩阵型组织结构，是一种以专门从事某项工作的工作小组形式展开的一种组织形式。具体来说，矩阵型组织以完成某项具体的工作任务或达成某个目标为目的，通过组成临时小组的形式进行组织运作。

在矩阵型组织中，项目小组通常具有强烈的目的性和适应性，可以根据组织发展目标的需要随时成立、随时解散。项目小组形成后，内部成员受部门负责人和项目小组负责人的双重领导。这样，项目小组中组织与职能部门同时存在，既能发挥职能部门的纵向优势，又能发挥项目组织的横向优势。

矩阵型组织机构经常被一些咨询公司、培训企业、律师事务所、会计师事务所等采用，也就是说，这种组织形式更适合业务为项目制的企业。

在人力资源成本管控方面，矩阵型组织结构的优缺点见表4-6。

表4-6　矩阵型组织结构的人力资源成本管控优缺点

优缺点	具体内容
优点	1. 打破了纵向型组织的劣势，能够强化组织中的横向联络，使横向联络与纵向联络相结合 2. 提高了组织形式的机动性 3. 能够激发团队之间的创造意识，提高人力资源的工作效率
缺点	1. 项目组受双重领导可能会带来员工的无所适从，员工会不适应，出现问题时，难以明确划分责任 2. 组织结构模式有临时性的感觉，可能会造成项目组内人员责任感不强的现象 3. 项目组负责人可能会出现权利过小、责任过大的局面

4.4.5　模拟分权型组织结构及其人力资源成本管控

模拟分权型组织结构，又称"模拟分散管理组织结构"。模拟分权型组织结构是在职能型组织结构的基础上，根据各部门的特点及管理上的不同要求，把组织划分成类似于事业部的多个单位，实行模拟独立经营、单独核算、自负盈亏的一种管理组织模式。

所以，模拟分权型组织结构不是真正的分权管理，而是介于直线职能制与事业部制之间的一种管理组织模式。在模拟分权型组织下划分出来的这些小中心，通常不是真正意义上的经济实体，而是通过内部财务核算方式实现模拟分权。

在已经具备一定生产规模、稳定性与连续性强、财务管理能力突出的企业中，经常会用到模拟分权型组织结构。

在人力资源成本管控方面，模拟分权型组织结构的优缺点见表4-7。

表4-7　模拟分权型组织结构的人力资源成本管控优缺点

优缺点	具体内容
优点	1. 适应性强，可以作为企业职能型组织结构管理上的补充 2. 能够激发各部门的积极性，提升组织活力，提高效率 3. 权责利的划分更清楚，员工的责任感更强
缺点	1. 由于各中心更关注自身的利益，当企业需要多个中心之间协调完成某项任务时，组织间横向沟通和交流难度较大 2. 由于各个中心的职责不同，许多职能中心的计划和目标难以统一和量化 3. 由于该组织结构中存在独立结算的概念，所以上下游关系的各个中心在确定内部价格时容易引发矛盾

4.4.6　流程型组织结构及其人力资源成本管控

流程型组织结构是源于对企业价值链和关键流程的梳理而诞生的一种组织形式。

流程型组织结构是以客户需求为导向，通过业务流程搭建企业的运行秩序。企业价值创造活动及价值形式都体现在业务流程上，相对直线型、职能型等传统组织结构形式而言，更能适应多变的市场环境。

在流程型组织结构中，不再强调纵向的管理线，而是以一组价值创造活动构成的一个相对完整的价值创造流程线为主，将部门职能作为辅助，一切重心导向结果都面向客户。在流程型组织中，业务流程始于客户价值需求，终于价值需求的满足，组织的使命就是为客户创造价值，充分体现客户价值。

业务流程型组织结构的出现为企业创建了一种新的运行秩序，将组织结构与业务流程紧密结合，直接服务于客户，所以这种组织结构曾被认为是非常先进的组织模式。

在人力资源成本管控方面，流程型组织结构的优缺点见表4-8。

表4-8　流程型组织结构的人力资源成本管控优缺点

优缺点	具体内容
优点	1.　能够实现组织的扁平化管理，高层的信息比较容易传达到基层 2.　横向的沟通会变得非常通畅，能够有效减少部门之间的内耗 3.　一切努力都是以市场和顾客需求为导向，能够有效地提高组织运行的效率 4.　企业更多的是为客户创造价值，所以不需要考虑太多的内部人际关系，因而具有更强的适应性和灵活性
缺点	1.　对于一些管理比较复杂的大型企业而言，由于梳理业务流程比较复杂和耗时，流程设计会更复杂 2.　由于与传统纵向型组织结构的管理方式差别较大，员工对这种组织形式的接受难度较低，当员工失去上级，直接面对市场、客户时，难以适应这种工作转变 3.　由于对员工的评价更倾向于能否服务于客户、市场，能否产生价值，因而对员工素质要求较高，会采取弹性制工作时间，需要员工具备一定的个人素质和自我管理能力

4.4.7　网络型组织结构及其人力资源成本管控

网络型组织结构是利用现代信息技术手段适应与发展起来的一种新型的组织结构，也是目前正在流行的一种新形式的组织设计。正因为如此，网络型组织结构是一种虚拟的组织，与它对应的一些关键词是"合作""联合""外包"，也就是通过互联网、网络信息技术将研发、供应、生产、服务等各类企业或个人联合成一个经济体。

网络型组织结构是一种很小的中心组织，依靠其他组织以合同为基础进行制造、分销、营销或其他关键业务。在网络型组织结构中，组织的大部分职能从组织外"购买"，也就是核心业务围绕组织自身展开，而其他业务则交给更专业的人来做。这就给管理层提供了高度的灵活性，并能使组织集中精力做最擅长的事。

在人力资源成本管控方面，网络型组织结构的优缺点见表4-9。

表4-9 网络型组织结构的人力资源成本管控优缺点

优缺点	具体内容
优点	1. 能够优化各企业之间的资源配置，实现优势互补 2. 降低企业管理成本，提高沟通效率 3. 有利于激发团队精神，促进员工之间的相互协作 4. 组织的适应性和灵活性更强，变化更迅速
缺点	1. 由于相互协作的机构之间关系比较复杂，出现问题后难以协调 2. 某个企业虽然可以聚焦自身的核心竞争力，但是如果这些核心竞争力的壁垒不够高，上下游产业容易进入。同时，业务外包等比较容易泄露组织的核心机密，容易被别的竞争者效仿 3. 由于相互协作的企业之间关系错综复杂，为了能够有效沟通，网络型组织结构中的相互协作必须要有网络技术和管理能力支持

4.5 精简岗位设置，降低企业人力资源成本

岗位是组织中最具体、最小的一个基本单位。组织一般都是因事设岗，因而岗位是组织要求个体完成一项或多项责任而赋予个体的权力的总和。岗位是与人相对应的，通常一个岗位只能由一个人担任。正是因为人与岗位相匹配，所以企业人力资源成本管控的过程中，岗位设置就成了关键环节。设置岗位，要从岗位体系、岗位分析、岗位说明书编写、岗位申请审批等方向出发。

4.5.1 建立岗位体系的基本知识

建立岗位体系是企业人力资源管理工作有效开展的基础，同时企业需要建立一套完整的岗位管理体系，来保证人力资源成本管控的有效实施。一套完整的岗位管理体系一般包含以下内容。

1. 岗位层级

岗位层级是划分组织管理的纵向权限分布，是岗位的汇报层级关系，也是岗位的相对价值分布。划分岗位层级，可以通过测量专业知识、岗位能力、贡献大小、业务领域影响力等来实现。

2. 岗位族群/序列

岗位族群是一系列工作内容相近或相似，满足岗位要求的任职者所需知识、技能，所处领域相同或相近的岗位组成的岗位集合。

3. 岗位发展通道

岗位发展通道是指预先为员工铺设的职业发展通道，可以分为三类，适用于不同的情形，如图4-4所示。

横向职业发展通道	·采取工作轮换的方式，通过横向的调动，使工作具有多样性，使员工焕发新活力、迎接新挑战，可以增加员工的新鲜感和价值感 ·当企业没有为员工提供足够多的高层级岗位，长期从事一项工作可能会让员工感到枯燥，这时可以采用该类职业发展通道
双重职业通道	·分为管理通道和技术通道，沿着管理通道可以通往职级更高的管理职位；沿着技术通道可以通往更高级的技术职位。这两个通道在同一等级上的地位和利益是平等的 ·员工可以自由选择任意一种发展通道，这样可以保证组织拥有高技能的管理者和专业技术人员
多重职业通道	·在双重通道的基础上又分成多个通道，为员工提供更多的机会和发展空间 ·在为管理通道上的员工发展到一定的职级之后，企业可以提供带领团队创业或成为合伙人的机会；在技术通道上的职工发展到一定程度时提供技术带头人或管理人的通道

图4-4　岗位发展通道

4. 岗位图谱和称谓

在确定岗位图谱和称谓的过程中，企业要根据岗位族群/序列结果和岗位层级确认结果的横纵交叉来选取图谱中的称谓，同时根据岗位称谓细分工作角色。例如，某企业的岗位图谱和称谓之间的关系如图4-5所示。

对应等级	管理通道 岗位称谓	技术通道 岗位称谓
16~18	总监	首席工程师
10~15	经理	高级工程师
5~9	主管	工程师
1~4	专员	助理工程师

图4-5　某企业岗位图谱与称谓之间的关系

5. 岗位管理制度

作为一种用于岗位管理的制度，岗位管理制度包括目的、适用范围、原则、定义、支持文件、岗位设置、岗位编制、岗位分类、岗位等级、任职资格、晋升管理（条件、方式、选拔、评定）、讲解管理、转岗管理、借调管理、待岗管理、转正管理、离职管理等。

4.5.2　熟悉岗位分析的实施流程

岗位分析就是通过观察和研究，掌握岗位的性质、责任、任务、目标、组织内部相互关系等，同时确定从事该岗位的人员需要具备的素质、知识、技能、经验。一般来说，岗位分析的流程比较简单，只需要通过准备工作、收集资料、分析资料三个环节就可以完成。但是就整个过程而言，因为需要HR不断耐心、细心地重复这样一个分析过程，所以会显得工作比较烦琐，工作量较大。

1. 准备工作

岗位分析前的准备工作分为三个部分：首先，建立岗位分析小组，分配进行分析活动的责任和权限，明确分析活动的流程、方法及安排，以保证分析活动的协调和顺利安排。其次，了解企业战略、组织、流程，因为企业的战略最终都是分派到具体的岗位上来完成，所以岗位分析过程中需要对企业的战略做进一步了解，将相应的责任分解落实到具体的员工。最后，选择被分析部门及岗位，此时为了保证分析的结果有效，应选择具有代表性、典型性的部门及岗位进行分析。

2. 收集资料

岗位分析中的资料收集，主要是通过一些可能的信息来源，例如组织设计、业务流程说明书、管理流程等书面文件，岗位任职者、管理监督者、内外部客户、以往岗位分析人员反馈等，以及外部熟悉企业或者咨询机构提供的岗位分析汇编、职业名称辞典资料等。

3. 分析资料

在分析资料的环节中，要注意的就是分析资料的方法，主要有以下几种。

（1）工作实践法：是指岗位分析人员实际参与到岗位对应的工作中，通过全面的体验，了解和分析岗位的特征及要求，从而掌握岗位第一手资料的方法。工作实践法适用于短期内就可以掌握工作的岗位，不适用于需要长期训练或有危险的岗位工作。

（2）观察法：是指岗位分析人员根据研究目的、研究提纲或观察表，用自己的感官和辅助工具直接观察、记录与岗位相关的各项信息，从而获得资料。

（3）问卷法：是指根据职务分析的目的、内容等编写结构性问卷调查表，收集岗位任职者的信息。

4.5.3　明确岗位说明书的编写流程

1. 确定岗位说明书的格式

因企业发展阶段、需求、岗位分析的目的不同等，岗位说明书的格式可繁可简。标准的岗位说明书见表4-10。

表4-10　标准岗位说明书

岗位编码		岗位名称		所属单位	
所属部门		直接上级		直接下级	
下属人数		文件原件		文件附件	
岗位设置目的					
工作关系					

内部关系联系的内容					
外部关系联系的内容					
工作权限					
1					
2					
3					
工作职责					
职责1					

（续表）

主要任务	1	
	2	
职责2		
主要任务	1	
	2	
职责3		
主要任务	1	
	2	
工作时间、地点、环境		
工作时间		
工作地点		
工作设备		
工作环境		
关键业绩指标		
任职要求	教育背景	
	从业经验	
	知识结构	
	工作能力	
	个性特征	
本岗位说明书有效期限：　年　月　日至　年　月　日		
编制人员	审核人员	批准人员
编制日期	审核日期	批准日期

2. 逐项进行职责描述

职责描述就是在岗位说明书的"岗位设置目的"栏用简洁、准确的语言来描述本岗位在单位及部门中存在的目的及作用。

3. 小组讨论

在岗位说明的起草人初步起草岗位说明书后，应经过岗位分析小组讨论确定。在讨论过程中如果有不明确的问题，可以向相关人员进一步了解情况。

4. 反馈和确认

当岗位说明书起草小组讨论确定岗位说明书后，可反馈岗位现任职人员或直接上级，征求反馈意见并做修改。最后，编写好的岗位说明书在人力资源部负责人审核批准后，编号处理，就可以成为正式的岗位说明书文件。

4.5.4　了解岗位申请审批流程

企业的岗位设置确定后，一般是不能随意更改的。为了防止各部门随意申请岗位，企业需要设置一定的审批权限，也就是各部门需要新增岗位时，首先要发起岗位申请审批，按照企业的审批权限设计和审批流程逐级审批。

为了有效管控人力资源成本，对新增岗位需求，人力资源部要进行充分的调研，了解增加岗位的必要性，同时测算岗位增加后的人力资源成本，测算人力资源成本的投入和收益的对比关系，为决策层提供决策的依据。

4.6　合理确定岗位编制，节约用人成本

企业的岗位类别设置确定后，接下来就是确定岗位编制，简称定编。定编是按照一定的程序和科学的方法，对确定的岗位进行各类人员的数量及素质配备。确定岗位编制，除了要坚持控制人力资源成本之外，还要根据企业当时的业务方向和规模，在一定时间内和一定的技术条件下，本着精简机构、节约用人、提高工作效率的原则，确定出各岗位人员配备的数量。简单来说，定编就是明确企业需要多少适合企业发展的人。

4.6.1　劳动效率定编法

劳动效率定编法是指企业根据计划期规定的生产任务总量和员工的劳动效率及出勤率等因素，来计算定编人数。实际上就是根据工作量和时间定额来计算员工数量的方法。以手工操作为主的岗位，比较适合劳动效率定编法。所以，劳动效率定编法又可以分为产量定额法和时间定额法。

（1）产量定额法：就是根据工人产量进行定编管理，用以下计算公式来表示。

定编人数=计划期生产任务总量÷（员工劳动定额×出勤率）

（2）时间定额法：就是根据时间定额进行定编管理，用以下计算公式来表示。

定编人数=计划期生产任务总量×时间定额÷（制度工作时间×出勤率）

例如，某大型设备制造企业计划明年生产的产品总量是20 000件，工人平均的生产效率为每天生产1件（或劳动产量定额），单位产品的时间定额为10小时，工人的年平均出勤率为90%，该企业工人的定编人数应是多少？

产量定额法下的定编人数为：20 000÷[1×（365-2×52-11）×90%]=89人（向上取整）

时间定额法下的定编人数为：20 000×10÷[8×（365-2×52-11）×90%]=112人（向上取整）

这里的"（365-2×52-11）"表示员工一年的工作天数，也就是一年的总天数减去公休天数和法定节假日的天数。

4.6.2 业务数据分析定编法

1. 业务数据分析定编法

业务数据分析定编法是根据企业的销售收入、利润、市场占有率等数据变化，以及企业的战略目标，确定企业未来一定时期内（短期、中期、长期）的定编人数。在这一分析方法中，会将企业的员工人数与业务数据进行回归分析，通过得到的回归方程确定人员编制。

例如，某电子设备生产企业去年每月的平均销售额为5000万元，预计下一年销量将会增长10%，通过回归分析，每月销售额与销售人员数量的回归分析方程得数为3.182×10^{-6}。那么该企业需要的定编人数为$5 \times 10^{7} \times$（1+10%）$\times 3.182 \times 10^{-6}$=176（向上取整）。

2. 业务流程数据定编法

在业务数据分析定编法下，还可以衍生出业务流程数据定编法，也就是运用业务流程中的岗位工作量，确定各岗位每名员工单位时间的工作量，从而得出岗位定编。

例如，某部门每天的工作流程一共分为四步，每个流程每天需要的工作量及平均每名员工每小时的工作量见表4-11。假设员工的出勤率为90%。则该部门需要配备的员工数量为[120÷（6×8）+90÷（5×8）+80÷（5×8）+72÷（4×8）]÷90%=10人（向上取整）。

表4-11 某部门的工作流程及工作量

	每天需要的工作量	每名员工每小时的工作量
1	120	6
2	90	5
3	80	5
4	72	4

4.6.3 依据行业比例进行岗位定编

一般来讲，在本行业中，由于专业化分工和协作的要求，某一类人员与另一类人员之间总是存在一定的比例关系，并且随着后者的变化而变化。

因此，企业可以参考行业中的标杆企业，根据它的人力资源岗位定编情况，来完善自己企业的岗位定编。行业中的标杆企业，有时可以作为岗位定编的参考依据。该方法比较适合各种辅助和支持性岗位定编（行政管理、后勤管理等），计算公式如下。

某类岗位定编人数=另一类岗位人员总数×行业内标杆企业定编比例

4.6.4 其他岗位定编方法

1. 预算控制法

预算控制法指通过人力资源成本预算控制在岗人数，而不是对某一部门内的某一岗位的具体人数做硬性规定。一般情况下，部门负责人对本部门的业务目标、岗位设置和员工人数负责，在获得批准的预算范围内，自行决定各岗位的具体人数。

2. 管理层、专家访谈法（德尔菲法）

德尔菲法是指企业自身组成一个专门的预测机构，先对所要预测的问题征得专家的意见，然后进行整理、归纳、统计；再匿名反馈给各位专家，再次征求意见，再集中，再反馈，直至得到一致的意见，最后做出符合市场未来发展趋势的预测结论。

在确定岗位定编时，管理层、专家访谈法主要通过对管理层的访谈获得如下信息：下属员工的工作量、流程饱满性、员工编制调整建议。这时，HR就可以预测下属员工一定时期的提升、轮岗、离职人数，统计部门一定期限后的员工数目。

【HR说】弹性制岗位编制的保持

企业在制定岗位编制时，要遵从不同定编方法计算出的岗位编制人数，但并不是严格遵从计算出来的数据确定岗位编制，而是在考虑出勤率、人才培养、突发状况、环境变化等因素的前提下，给岗位编制确定一个合适的数字区间。

例如，某企业通过劳动效率定编法计算出来的某岗位定编人数是225人，那么，企业不需要将该岗位的编制准确设置为225人。因为，对于有经验的HR来说，实际工作中有非常多的不确定因素，岗位编制一定要适当宽松一些，至于宽松幅度的大小，并没有统一的要求，因为不同的岗位性质不同，人员要求等各方面的差距较大，HR只能根据实际工作经验进行适度把握。因此，按照相应的计算方法计算出来的岗位编制人数结果，只是确定实际岗位编制的一个参考。例如，针对一些比较紧急的项目，为了加快项目进程，那么岗位编制就需要设置得充裕一些；而对于一些只要正常进行的项目，岗位编制就不需要过度充裕，保持合理和适当即可。

当然，实际工作中的岗位定编还有很多不确定性，例如某项目确定需要执行，只是暂时还没有得到企业最高层的最终确认，如果得到最高层确认的节点，可能正好面临招聘难的时段。这时，HR就要对项目情况进行了解，确定出项目执行过程中的大致岗位范围，然后按照50%的岗位需求进行第一阶段的人员招聘，等项目最终确认后，再招聘剩余50%的岗位。这样就能避免岗位招聘遇到困难，同时还可以为岗位调整留出适当的空间。

所以，要按照科学的方法为企业定编，但还需要考虑理论与实际的差异，以及实际情况的变化和预测本身存在的误差。

实际工作中，随着岗位员工技能的逐渐成熟、企业流程的逐渐完善，以及技术手段的更新升级等，企业的岗位编制可能会出现富余。这时，HR还需要根据岗位实际所需要的编制人数对岗位编制进行缩减和控制。此时的岗位缩减和控制，不代表企业的业绩减少，反而体现出企业劳动效率的提高，能为企业缩减用人成本。

第5章

招聘录用过程中的
成本管控

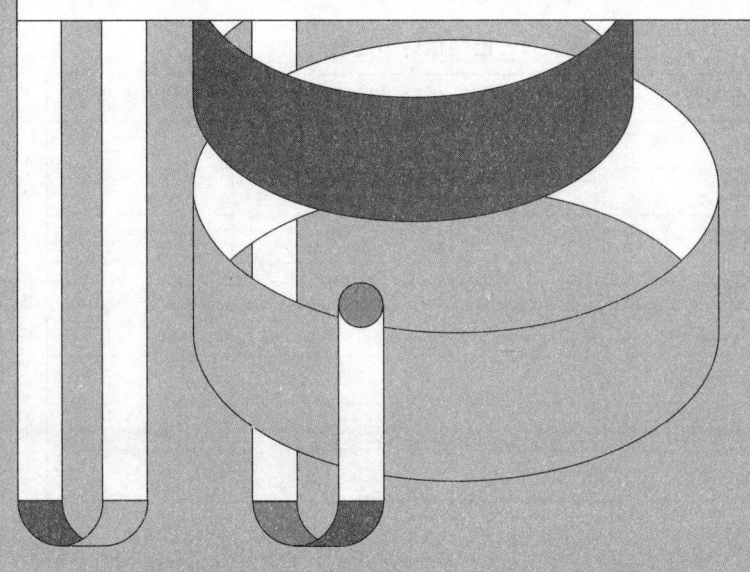

　　招聘录用成本是企业获取人力资源的一种成本。对于招聘成本的管控，除了要降低招聘成本之外，还要提高选拔效率、保证招聘结果与招聘效率达到一定的标准，使每一次的招聘活动都能为企业选拔到合适的人才。

5.1 从预防入手，做好招聘前的人力资源成本管控

招聘前的人力资源成本管控主要是预防，可以是雇主品牌的建设，即通过优渥的条件来对待人力资源，从而为企业在人才市场上树立一个好口碑。不过雇主品牌建设是一个比较漫长的过程，与企业的健全和发展息息相关。此外，招聘前的人力资源成本预防还可以从招聘预算控制、招聘审批权限设置和招聘渠道优化出发。

5.1.1 编制招聘预算，管控招聘成本

企业在开始招聘工作之前，编制招聘预算是招聘成本控制的有效手段。所以，企业各部门需要在企业战略、部门战略和全面预算体系的支持下，做好人力资源招聘成本的预算编制，以有效控制招聘录用成本。表5-1是各部门可以采用的招聘预算审批表。

表5-1 招聘预算审批表

所需岗位类别	岗位空缺数量	拟采取的招聘方式	预算招聘费用
A岗位			
B岗位			
C岗位			
D岗位			
部门负责人意见			
人力资源部意见			
分管副总意见			
总经理意见			

企业的招聘工作是一种有目的、有计划的行为，公司各部门需要慎重对待企业的招聘工作，根据历史数据，结合企业的战略需求，做好企业新增员工的需求预测及空缺岗位补充预测。为了能够有效节约招聘成本，用人部门应事先规划好各个阶段的人力资源需求；或者，人力资源部门定期做好各部门的人员需求调查，以保证招聘工作有的放矢、有条不紊地进行。

5.1.2 设置招聘审批权限，管控招聘成本

为了管控招聘成本，防止各部门随意提出招聘需求，企业需要制定严密的招聘审批权限，同时形成招聘审批权限表，见表5-2。

表5-2 招聘审批权限表

审批分类		用人部门经理	用人部门负责人	人力资源部	分管副总经理	总经理
岗位编制内	员工级	发起	审核	核准	审批	报备
	主管级	发起	审核	核准	审批	报备
	经理级以上		发起	核准	审批	审批
岗位编制外	员工级		发起	核准	审批	报备
	主管级		发起	核准	审核	审批
	经理级以上		发起	核准	审核	审批

在招聘审批权限表中，"发起"指相关人员提出招聘需求；"审核"指相关人员对招聘需求进行审查、提出意见或建议、否定招聘需求的权利；"核准"指相关人员验证招聘需求的必要性、提出意见或建议、否定招聘需求的权利；"审批"指相关人员就招聘需求做出最终决定的权利；"报备"指相关人员得到招聘需求审批信息的权利。

5.1.3 选择更优的招聘渠道实现成本管控

多样化的人才招聘渠道，为HR提供了多样化的人才招聘途径。不过，为了高效率、高成功率地招聘到合适的人才，企业还需要从各个岗位的人才需求条件入手，选择更优的内外部渠道为各个岗位招聘相应的人才。表5-3是对不同招聘渠道的优劣分析。

表5-3　不同招聘渠道的优劣分析

招聘渠道	分类	招聘形式	适用范围	优势	劣势
网络招聘	外部网站	专业的人才招聘网站，当地招聘网站，招聘自媒体	各类人才均适用	成本较低，适用面广，局限性小，选择空间大	投简历者随意性大，无效简历较多，针对性较差，面试成功率低
	内部网站	企业的官方网站，企业公众号，企业微博		成本低，应聘者一般对企业有部分了解、针对性强、方便筛选，成功率高	投简历者一般较少，需迅速补充人才时此渠道不适合
校园招聘	校企合作	企业与学校实施项目合作，联合培养学生，并接受学生实习	储备人才一线岗位管培生	有针对性地培养，用工成本低，几乎不需担心离职	学生经验少，需培训
	应届生招聘	校园宣讲会，校园招聘会，校园公益讲座		招聘成本适中，可以宣传企业形象，候选人思维活跃度高，具备一定的创新能力和学习能力	应届毕业生稳定性较差，学生普遍缺乏社会经验，可能难以适应企业文化
社会招聘	社会招聘会	参加城市招聘会或社区招聘会	中基层岗位	招聘成本较低，人员类型多样，选择余地大，初筛空间大，能及时沟通，方便集中面试、入职和培训	招来的人才参差不齐，求职人员的选择地大，有一定的局限性
	偏远地区招聘	到经济欠发达的偏远地区招聘	一般适用于一线操作人员或者文化程度要求低的岗位	短期内能够招聘到大量的劳动力	招聘成本较好，可能会难以管理，可能集体抱团离职

（续表）

招聘渠道	分类	招聘形式	适用范围	优势	劣势
猎头招聘		与猎头企业合作，由猎头顾问推荐人才	中高端人才，特殊岗位人才	针对性强，吻合度高，能够迅速找到需要的人才	招聘费用较高，外来高端人才不容易被引进
传媒招聘		报纸广告，公交广告，电视广告	一般为中基层岗位	受众较多，注意度高，反馈及时，有利于大企业知名度的宣传	成本较高，时效性较差，有一定的区域局限性
派遣招聘		利用劳务派遣企业做劳务派遣或委托招工	一般适应于一线工作人员或文化程度要求低的岗位	招聘成本低，便于管理，降低用工风险，减少劳动争议	人员流动性大，劳务人员不容易融入企业文化
政府协助招聘		利用当地政府组织、工会、残联等帮助宣传和吸纳劳动力	一般适用于一线操作人员	利用资源，扩大影响力，具备良好的社会效应	招聘效果一般，有一定的局限性
内部招聘	以工代工	内部员工介绍合适的人选来企业工作	各类岗位或人才都适用	成本低，能够有效发挥人际关系的作用，一般稳定性较高，有问题可以向推荐人咨询	如果员工推荐来的人不适合企业，可能会引起推荐人不满，有拉帮结派的风险，管理不当可能引起抱团离职
	内部人才补充	内部竞岗、轮岗、晋升、返聘等		促进内部人才流动，促进人才培养与开放	补充人员可能经验不足，需提前培训，需处理内部岗位之间的交接问题

　　不同招聘渠道能够满足不同岗位的人才招聘需求，所以HR要以效率最高、成本最低为原则，根据岗位类型的人才需求，预先确定好相应的招聘渠道，以便为企业补充相应的人才做好准备。

5.2 以提高效率为准，管控招聘中的人力资源成本

在招聘选拔中，要做的工作就是筛选简历、通知候选人在指定时间及地点面试（或者进行初试及复试），有的企业还可能会对拟录用人员进行背景调查等。不同企业在招聘过程中执行的内容可能不同，为了高效完成招聘，尽可能地在招聘过程中节约成本，还需要HR从招聘工作的节点来提高招聘效率，例如快速精准地筛选简历、提高面试赴约率、科学实施薪酬谈判等。

5.2.1 关键词实现简历的快速精准筛选

企业在招聘一些基层岗位，或者进行校园招聘时，一般会收到数量庞大的简历，这就对HR快速高效地筛选简历提出了一定的要求。这时企业可能会设置一些门槛来筛选简历，例如年龄门槛，不过，这种门槛可能会将一些高水平的人才过滤掉。

所以，为了高效地筛选简历，HR可以设置一些与岗位需求相关的关键词，然后在浏览简历时，就可以利用关键词快速、精准地搜索出候选人的简历。

利用关键词筛选简历的方法，除了可以在简历数量庞大时使用，还可以在一些专业性岗位的招聘中使用。一般情况下，由于人力资源管理人员对专业性岗位的相关技术了解较少，在确定专业性岗位的简历搜索关键词时，还需要向技术部门或相应岗位的负责人咨询，以较准确地搜索出专业岗位需求人员对应的关键词。此外，随着企业技术的进步与发展，同一岗位对应的关键词会有所变化，因此，岗位关键词还需要与时俱进，适时更新。

5.2.2　多策略提高面试赴约率

通知面试候选人后，企业希望每个候选人都来参加面试。而在实际中，经常会出现候选人爽约的情况，为了降低候选人爽约的概率，HR必须反思自己的工作，回顾招聘工作过程中是否存在不到位的地方，然后采取一定的措施，来提高候选人的面试赴约率。

1. 招聘信息要包装好

当候选人接到赴约面试通知时，还会再次查看自己的简历投递情况，确认企业关于应聘岗位的一些具体介绍，如果此时候选人看到一些比较好的宣传信息，其面试赴约率会提高很多。所以，企业在岗位信息中，最好有企业简介、招聘职位描述、薪酬待遇、个性福利等信息，来增强候选人对企业的好感，从而提高面试赴约率。

2. 比较其他企业的招聘信息

在通知候选人之前，HR还需要了解和对比行业相关岗位的招聘信息（同类型岗位的市场需求量、薪酬水平、其他企业的招聘信息）。这样，HR在通知候选人时，可以使用这些对比出来的结果，对自家企业的一些优势进行介绍，以增加对候选人的吸引力。

3. 仔细查看候选人的信息

为了给后续的面试做好准备，HR要仔细查看候选人的简历，同时对关键信息进行标注，以便在电话预约面试时能够有针对性地对关键信息进行确认，让候选人感知到企业对其的重视程度。

4. 提前设计好说话技巧

HR可以根据自己的工作经验及习惯，提前设计一些说话技巧，用成熟、专业的说话技巧来提高面试赴约率。

5.2.3　科学实施薪酬谈判

HR与候选人谈判薪酬是一个比较复杂的过程。如果薪酬定得较高，那么企业就需要支出较高的用人成本；如果薪酬定得较低，那么候选人就不愿意加入企业。因此，薪酬谈判在企业招聘中是一个有难度的环节，那么HR要如何应对薪酬谈判呢？

1. 明确岗位薪酬的上下限

薪酬谈判不是将候选人的薪酬谈得越低越好，如果这么做，会降低候选人对企业的期望，甚至会认为企业不够规范、没有标准、不正规，他们选择企业的可能性会小很多。所以，为了顺利与候选人谈判薪酬，HR必须要明确招聘岗位对企业的价值如何，企业能够为这个岗位付出的薪酬范围，这个岗位的薪酬计算标准是什么，再结合薪酬的外部竞争性及内部公平性，明确岗位薪酬的上下限，然后根据候选人的实际情况进行薪酬谈判。

2. 避免最先亮出薪酬底牌

如果一些岗位薪酬有比较大的弹性空间，那么HR与候选人进行薪酬谈判时，最好先不要亮出薪酬的底牌，而是先让候选人说出自己的期望薪酬。这样既可以保留谈判的空间，当遇到比较优秀的人才时，还可以为其提供较大的薪酬上浮空间。

3. 运用整体薪酬的概念

薪酬可以拆分为薪水和报酬两部分。薪水包括工资、津贴、奖金、分红、福利等一切可以用财务数据量化的个人物质层面的回报；报酬主要有非货币化的福利、组织认可等。所以，企业提供给员工的薪酬是可以量化的和不可以量化的整体薪酬。

HR要从薪酬的整体概念出发，在明确告知候选人的前提下，来与候选人进行薪酬谈判。

5.3 做好复盘，分析招聘选拔后的成本费用

在招聘选拔工作完成后，人力资源部门就需要从复盘、评估、分析和改进的原则入手，管控招聘环节中的成本费用。这部分工作主要有招聘费用统计、招聘渠道效率分析、招聘成本分摊、招聘质量评估。

5.3.1 招聘成本费用的统计原则

在招聘的整个环节中，存在的成本项目有招聘成本、选择成本、录用成本、安置成本。这些成本项目下，还包含诸多细节方面的成本。HR在统计这些成本项目时，要遵循这样的统计原则：客观、真实、全面、有效。因此，HR在对招聘费用进行记录和汇总时，需要按照成本发生的环节及渠道逐次记录，见表5-4。

表5-4 招聘费用记录和汇总表

招聘渠道	招聘成本			选择成本			录用成本			安置成本			费用合计
	A费用	B费用	……	A费用	B费用	……	A费用	B费用	……	A费用	B费用	……	
A渠道													
B渠道													
C渠道													
D渠道													
……													
总计													

5.3.2　分析不同招聘渠道的效率

招聘效率与招聘渠道有较强的关联性，按招聘渠道对招聘费用进行统计，就能够计算出不同招聘渠道的招聘效率，这主要依据招聘渠道费用—效果分析表来实现，见表5-5。

表5-5　招聘渠道费用—效果分析表

招聘渠道	费用合计（元）	基层岗位		基层管理岗位		中层管理岗		高层管理岗		总招聘人数	平均每人招聘费用（元）
		招聘人数	贡献度	招聘人数	贡献度	招聘人数	贡献度	招聘人数	贡献度		
A渠道											
B渠道											
C渠道											
D渠道											
……											
总计											

（1）在招聘费用—效果分析表中，第二列的"费用合计"是指不同招聘渠道在一段时间内（1年、1个季度、1个月）的招聘费用汇总。

（2）在按照岗位层级划分岗位类型的招聘人数和招聘贡献度分析中，贡献度由每一种渠道中每一层级岗位的招聘人数除以各个渠道为该层级岗位招聘的总人数而得来。因此，为了完整地分析每一种渠道的招聘效果，HR需要完整划分岗位类别，有效统计每一种渠道中的招聘总人数。

（3）表中的"平均每人招聘费用"由每一种渠道的招聘费用合计除以渠道中的招聘总人数而得来，表示利用该渠道招聘一名员工所需要的平均成本。

当HR制作出完整的招聘渠道费用—效果分析表时，除了横着看每一种招聘渠道对不同层级岗位招聘的贡献，还要竖着看每一层级岗位更适合采用哪种招聘渠道。总的来说，HR依据招聘渠道费用—效果分析表中的数据，确定出一些适用于不同岗位的招聘渠道，这对改进企业后续的招聘工作有很好的帮助。

5.3.3　掌握招聘成本的分摊方法

在企业每一时间段内的招聘进程中，HR需要记录每一项招聘成本项目。做招聘成本的记录，除了能进行统计分析之外，还能给成本分摊提供依据。招聘成本记录一般会使用到招聘成本记录表，见表5-6。

表5-6　每一项招聘成本记录表

招聘项目	招聘需求部门	时间及地点	参加部门	各部门招聘负责人签字	招聘项目负责人	需求部门负责人签字	招聘费用	备注

在登记每一项招聘成本的基础上，为了增加各部门人力资源成本意识，还需要按部门进行招聘成本的分摊。

注意：在分摊招聘成本时，如果将整个招聘渠道的成本费用分摊到单次的招聘需求或者分摊到某子企业/部门上，就缺乏一定的严谨性。

一般以各部门的招聘员工为基数，乘以该岗位每位员工的平均招聘成本，就可以计算出每个部门需要分摊的招聘成本数额。在此基础上，就可以得出各部门的招聘成本分摊表，见表5-7。

表5-7　招聘成本分摊表

月份	A部门	B部门	C部门	D部门	E部门	F部门	……	合计
202×年1月								
202×年2月								
202×年3月								
202×年4月								
……								
合计								

　　招聘成本登记表和招聘成本分摊表一般是按月编制汇总，由人力资源总监审核，报各部门负责人确认后，在月底前报财务部审核记账。

5.3.4　通过招聘质量评估总结招聘经验

　　在每一阶段或每一招聘项目告一段落后，HR还可以通过对未转正员工在个人品质、行为态度、业务能力、工作成效方面的跟踪测试，来了解他们的情况，进而实现对招聘质量的评估。

　　一般HR会使用新员工评估表对未转正员工进行综合质量测评，见表5-8，进而确定招聘质量。

表5-8　新员工评估表

员工基本信息						
姓名		部门		岗位		
评估项目						得分
个人品质（20分）	正面：品质端正、以身作则、责任心强、言行一致、坚持原则、具备团队精神和奉献精神等					
	负面：言行不一、推卸责任、个人主义					

（续表）

行为态度 （20分）	正面：爱岗敬业、顾全大局、遵纪守法、积极主动、勇于创新、勇于担当等	
	负面：投机取巧、不按时上班、消极怠工、无故离开工作岗位等	
业务能力 （30分）	正面：精通业务、有领导力和执行力、有效协调能力、工作思路清晰、有学习能力和理解能力、有创新能力等	
	负面：眼高手低、好高骛远、缺乏沟通能力、不思进取等	
工作成效 （30分）	正面：实现部门价值、与其他部门密切配合、决策准确、合理分工等	
	负面：只顾自己，不配合企业部门工作、无法按时保质保量地完成工作等	
评估结果		
合适 ☐ 延期再评估 ☐ 不合适 ☐	上级主管签字	
主管部门经理签字	人力资源部经理 签字	
被评估人签字		
备注：评估结果的总分为100分。评估结果低于60分为不及格，60~85分为良好，85分以上为优秀		

通过新员工评估表，企业可以确定哪些时期、哪些部门、哪些岗位或者哪些招聘专员的招聘质量较高，并分析原因，总结经验，提高企业的招聘质量。

5.4 企业招聘录用过程中要注意的法律成本

企业的招聘录用工作，作为人力资源的一个流入口，其本身就存在一些隐藏的风险，同时，操作不规范，还可能会为企业埋下用工风险的隐患。因此，企业的招聘录用工作要合法合规地进行，规范地操作，以降低企业招聘过程中的法律风险。

5.4.1 发布虚假招聘信息的成本

1. 什么是发布虚假招聘信息

有些招聘网站为吸引招聘方和应聘者，可能会刻意降低门槛，这就有可能让一些企业乘机发布虚假的招聘信息：夸大企业的规模、待遇、工作环境等。而当员工实际进入企业后，却发现并非如此，那么员工为了保护自身的权益不受损害，可能会以企业违约为由将企业告上法庭。此时，企业就必须承担因发布虚假信息而带来的法律责任。

《中华人民共和国劳动合同法》第八条有以下规定。

第八条　用人单位招用劳动者时，应当如实告诉劳动者工作内容、工作条件、工作地点、职业危害、安全生产状况、劳动报酬，以及劳动者要求了解的其他情况；用人单位有权了解劳动者与劳动合同直接相关的基本情况，劳动者应当如实说明。

2. 如何避免发布虚假信息的成本

（1）如实发布企业的招聘信息，避免企业形象受损。

（2）保持招聘广告中的岗位工资及福利待遇与实际一致，以避免员工先行提出解除劳动合同，并要求企业支付赔偿金的风险，以及企业形象受损。

（3）追究冒充公司发布虚假招聘信息人的法律责任。有些不法分子可能会利用互联网恶意在网上发布与企业相关的虚假招聘信息，企业要及时发表声明。

5.4.2　违法吸收押金财物的成本

1. 什么是违法吸收押金财物

押金是指用人单位直接向劳动者收取的风险抵押金，以及工服押金、企业生产设备押金等。

违法吸收押金财物是指用人单位在招用员工时，扣押劳动者的身份证和其他证件，要求劳动者提供担保或者以其他名义向劳动者收取押金和各种形式的风险担保金的情况。

《中华人民共和国劳动合同法》第九条、第八十四条有以下规定。

第九条　用人单位招用劳动者，不得扣押劳动者的居民身份证和其他证件，不得要求劳动者提供担保或者以其他名义向劳动者收取财物。

第八十四条　用人单位违反本法规定，扣押劳动者居民身份证等证件的，由劳动行政部门责令限期退还劳动者本人，并依照有关法律规定给予处罚。

用人单位违反本法规定，以担保或者其他名义向劳动者收取财物的，由劳动行政部门责令限期退还劳动者本人，并以每人五百元以上、二千元以下的标准处以罚款；给劳动者造成损害的，应当承担赔偿责任。

劳动者依法解除或者终止劳动合同，用人单位扣押劳动者档案或其他物品的，依照前款规定处罚。

2. 如何避免违法吸收押金财物的成本

（1）企业在招聘员工的过程中不得以任何名义向劳动者收取押金或者变相收取押金。

（2）企业招聘员工的过程中不得扣押劳动者的居民身份证和其他证件（学位证、毕业证、职业资格证等）。但为了保证企业招聘的员工提供的相关信息的真实性，企业可以要求员工提供相应证件的复印件，以保留书面证据。

（3）一些特殊岗位（财务、采购物流等），在招聘员工时，可以通过走访其家庭，了解家庭经济状况的方式进行严格的入职审查与诚信调查，来预防一些潜在风险的发生。

（4）确定损失分摊制度。企业不能向员工收取押金财物等来避险，但是企业可以制定相关的规章制度来节省用工成本，例如工服折价、员工破坏生产设备处罚等，这样即使企业不收取押金、财物，同样可以避免一些风险。

不过，也有特殊情况：根据相关司法的解释，如果员工自愿住进企业提供的宿舍，这时企业收取住宿押金不属于违法行为。

5.4.3　就业歧视引发的成本

1. 什么是就业歧视

就业歧视，是指用人单位招聘员工的过程中或建立劳动关系后，对招聘条件相同或相近的求职者或雇员基于某些个人工作能力或工作岗位无关的因素，而不能给予其平等的就业机会，或在工资、晋升、培训、岗位安排、解雇或劳动条件与保护、社会保险与福利等方面不能提供平等待遇，从而取消或损害求职者的平等就业权或雇员的平等待遇权。

《中华人民共和国劳动法》第十二条、第十三条有以下规定。

第十二条　劳动者就业，不因民族、种族、性别、宗教信仰不同而受歧视。

第十三条　妇女享有与男子平等的就业权利。在录用职工时，除国家规定的不适合妇女的工种或者岗位外，不得以性别为由拒绝录用妇女或者提高对妇女的录用标准。

表5-9中是一些经常发生在求职者或雇员身上的就业歧视情形。

表5-9　就业歧视的一些表现

类型	界定	表现
年龄歧视	对劳动者设置不合理的年龄限制	例如"35岁以下"是普遍设置的年龄界限
性别歧视	直接或间接对劳动者的性别予以限定	例如提高女性的录用标准，附加录用条件等
民族歧视	以劳动者的民族为由拒绝录用	对少数民族的劳动者存在较大偏见
学历歧视	对劳动者设置不合理的学历或文凭	例如"学历不够标准者免谈"等
户籍歧视	基于劳动者的户籍作为用人条件	例如限定劳动者要有"本地户口"等
地域歧视	以劳动者的地域为由拒绝录用	例如公开宣扬某地人的形象不佳等
健康歧视	以劳动者的健康为由拒绝录用	例如残疾人歧视等
身高歧视	以劳动者的身高为由拒绝录用	例如要求男性身高不低于某个数值
相貌歧视	以貌取人	例如要求劳动者"容貌气质佳"等
经验歧视	对劳动者设置不合理的工作经历限制	例如"两年以上相关工作经验"等

就业歧视是侵犯公民人格尊严和平等就业权的歧视行为，一旦发生，劳动者可以直接向人民法院起诉，不必经过仲裁。企业除了要向劳动者支付精神损害抚慰金之外，还要支付诉讼成本。这一系列的过程，对企业正常的生产经营、企业声誉形象等都会造成一定的影响。

2. 如何规避就业歧视引发的成本

（1）应避免招聘广告中出现歧视性条款（性别歧视、年龄歧视、健康歧视等）。

（2）做好入职前的体检工作，先体检，符合要求后再向拟录用人员发放录用通知书，办理入职手续。

（3）修订企业规章制度中的歧视性条款，删除存在就业歧视的内容，以免发生劳动纠纷时员工以此为证据。

（4）HR面试过程中要注意只问应聘相关的问题，避免在交流过程中出现歧视性语言。

5.4.4　招聘未解除劳动关系员工的成本

1. 什么是未解除劳动关系的成本

未解除劳动关系的成本，是指用人单位招用与其他用人单位尚未解除劳动或终止劳动关系合同的劳动者，给其他用人单位造成损失的，应当承担连带赔偿责任。而且用人单位承担的连带赔偿份额应不低于对原单位造成经济损失总额的70%。

招聘未解除劳动关系员工给用人单位带来的成本主要存在于这些方面：直接的经济损失、获取商业机密给原单位造成的损失、对公司正常经营管理的干扰和冲击、用人单位商业机密被窃取的风险、发生纠纷时的诉讼费用。

《中华人民共和国劳动合同法》第五十条、第九十一条有以下规定。

第五十条　用人单位应当在解除或者终止劳动合同时出具解除或者终止劳动合同的证明，并在十五日内为劳动者办理档案和社会保险关系转移手续。

劳动者应当按照双方约定，办理工作交接。用人单位依照本法有关规定应当向劳动者支付经济补偿的，在办结工作交接时支付。

用人单位对已经解除或者终止的劳动合同的文本，至少保存二年备查。

第九十一条　用人单位招用与其他用人单位尚未解除或者终止劳动合同的劳动者，给其他用人单位造成损失的，应当承担连带赔偿责任。

2. 如何规避未解除劳动关系员工带来的成本

（1）录用时要求应聘者提供与原用人单位解除或终止劳动关系的书面证明。

（2）根据员工提供的上一岗位工作信息，通过打电话核实，以确认劳动者已解除与原用人单位的劳动关系。

（3）要求应聘者签署确认与其他单位不存在劳动关系的协议书，协议中要明确规定如果应聘者与原用人单位存在劳动关系，则造成的损失由应聘者承担。

（4）为避免风险，用人单位应少采用发送录用通知书的形式录用员工，而是通过电话联系、当面办理等方式录用员工。

5.4.5　招聘负有竞业限制员工的成本

1. 什么是竞业限制

竞业限制，是指用人单位对员工采取的以保护其商业机密为目的的一种法律措施，是根据法律规定或双方约定，限制并禁止员工在本单位任职期间同时兼职于业务竞争单位，限制并禁止员工在离职后从事与本单位存在竞争的业务，包括不得在生产同类产品或经营同类业务且有竞争关系或其他利害关系的其他业务单位任职，不得自行建立与本单位业务范围相同的企业，不得自己生产、经营与本单位有竞争关系的同类产品或业务。

签订竞业限制是需要付费的，按照协议约定，劳动者在解除或者终止劳动合同后，在竞业限制期内，企业必须按月给予劳动者经济补偿。竞业限制的人员限于企业的高级管理人员、高级技术人员和其他负有保密义务的人员。

《中华人民共和国劳动合同法》第九十条有以下规定。

第九十条　劳动者违反本法规定解除劳动合同，或者违反劳动合同约定的保密义务或者竞业限制，给用人单位造成损失的，应当承担赔偿责任。

2. 如何规避招聘负有竞业限制员工产生的成本

（1）明确竞业限制协议的使用范围。

（2）明确竞业限制协议的有效期间。法律明确规定，竞业限制不得超过两年。

（3）企业招聘相关人员时，可以要求其提供与原用人单位解除劳动合同的书面凭证，已确定是否存在竞业限制条款。

（4）企业在与员工签订劳动合同时，要在合同中明确规定不得与其他用人单位之间存在竞业限制协议。

（5）用人单位可以要求员工提供原用人单位的联系电话，通过与员工原用人单位的电话沟通来了解员工是否与原用人单位之间存在竞业限制协议。

（6）企业可以在规章制度中明确规定故意隐瞒未终止或未解除劳动合同的行为、故意隐瞒承担竞业限制义务的行为属于欺诈行为，企业可以据此主张劳动合同无效、终止劳动合同并不支付赔偿金，同时保留主张赔偿损失的权利。

【HR说】优化招聘环节，降低人力资源成本

在企业的招聘过程中，时常会出现人力资源成本的浪费，无论是从成百上千的简历中挑选一名合适的候选人所花费的人力、物力，还是通过其他方式吸引人才市场上的人力资源，或者是花费时间及精力选拔、培训人才，这些环节中都可能发生人力资源成本的浪费。

例如，一些员工通过招聘选拔进入了企业，在试用期突然离职的事件经常发生，这种在试用期突然离职的事件，损失的除了招聘这个离职员工的成本之外，还有继续招聘所花费的成本。因此，人力资源成本招聘过程中的成本浪费，有时是意想不到的。

为了降低人力资源招聘过程中的成本，企业需要对招聘环节进行以下优化，将人力资源招聘成本降到一个可控的范围内。

1. 优化人才吸引和申请的过程

为了能将有意向进入企业的潜在人才吸引到招聘中，企业要在招聘实施之前，通过招聘需求选择有效的信息发布渠道，发布自己的招聘需求、岗位要求、福利待遇等重要信息，让潜在的有效人才能够触及企业的招聘信息。

2. 标准化招聘选拔的过程

在招聘选拔人才的环节，企业的用人部门要配合HR，严格执行企业的招聘标准、人才评估标准、选人用人理念，通过严格执行这些标准及理念，来为企业甄选适宜的人力资源。

3. 从入职到胜任职位过程的优化

员工入职并不意味员工可以胜任职位，为了让员工顺利入职，再达

到胜任职位的要求，培训与考核评估是必不可少的。在员工从入职到胜任职位的过程中，企业既要为其设置必要的门槛，还要为其提供必要的培训支持。

此外，企业减少招聘环节的成本，除了对以上三个环节进行优化之外，还要在招聘流程方面做优化，甚至是再造更清晰、透明的流程，以做好企业的招聘管理。在招聘流程管理中，一般有以下关键要素可以优化，如图5-2所示。

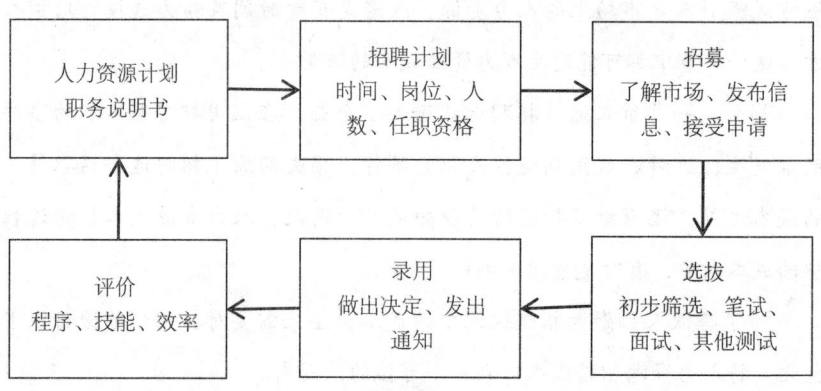

图5-2 招聘流程管理中的关键优化要素

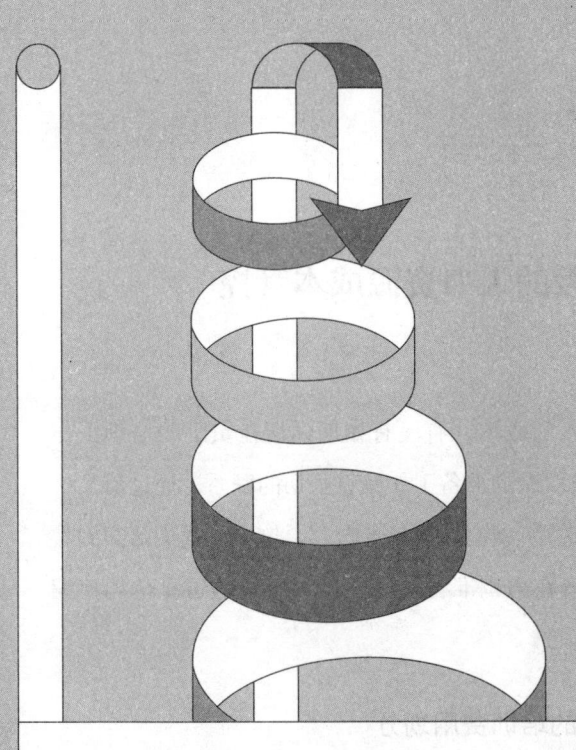

第6章

员工培训与评估过程
中的成本管控

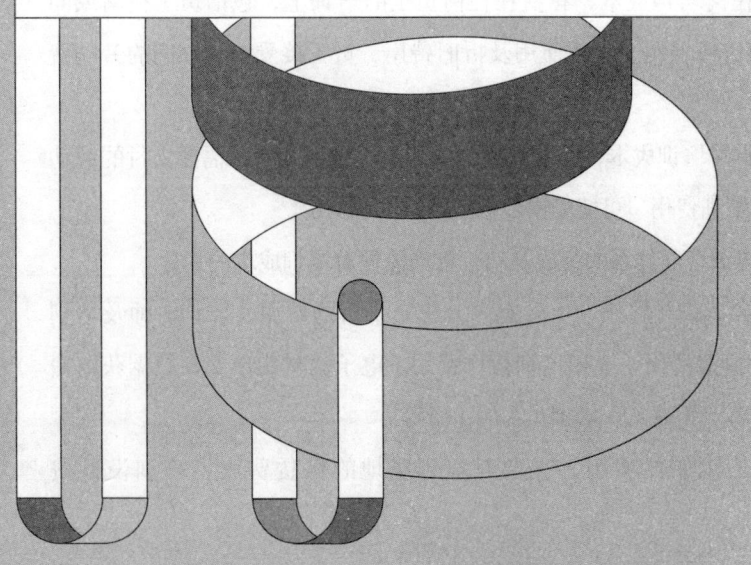

　　员工培训是指企业为提高员工素质、更新员工知识、开拓员工技能，改进员工动机、态度和行为，让员工更适合企业的发展要求，更好地胜任岗位工作或担负更高级别岗位的工作。在企业越来越重视员工培训的境况下，培训成本管控也被重视起来。

6.1　培训准备阶段的人力资源成本管控

企业在培训过程中投入的成本，有没有如期体现在员工的培训工作中，这与企业在培训准备阶段做的准备工作有着密切的联系。通过前文，我们已经了解到企业培训预算编制的一些基本内容，这里，我们落实到具体的培训环节来具体地了解在培训准备阶段，培训费用的预算是如何编制的。

6.1.1　不同标准下的培训费用划分

员工的培训费用按照不同的标准可以划分为不同的类型。

1. 按人力资源开发环节对员工培训成本的划分

（1）岗前培训成本，花费在新员工的培训上，包括新员工培训需要付出的资料费用、设备使用费用及折旧费用、新员工的劳动费用。

（2）在岗培训成本，花费在在岗员工的培训上，包括员工在岗期间培训付出的资料费用、设备使用及折旧费用、员工接受培训期间的劳动费用等。

（3）脱岗培训成本，花费在离岗员工的培训上，包括需要支付的劳动费用、脱岗培训费用、可能的岗位空缺产生的损失等。

2. 按培训管理体系的组成及培训管理流程对培训成本的划分

（1）培训软件费用，主要有内外部培训讲师费用、培训讲师及培训员工的差旅食宿费用、虚拟培训教材费用（电子教材制作费、数据获取费用、网络教育费用等）、培训员工的工资等。

（2）培训硬件费用，主要有培训场地的租赁费用、培训设备费用（购置费用、折旧费用、文具费用、教具费用）、实体培训教材费用等。

6.1.2　预算编制层面的培训费用管控

针对不同类型的员工培训费用，企业为了对其进行有效的管控，在实施具体的培训活动之前，先要编制培训项目预算审批表，见表6-1，经过各层级的审批再进行后续培训预算编制工作。

表6-1　培训项目预算审批表

培训项目	培训软件费用				培训硬件费用		
	讲师费用	交通食宿费用	虚拟教材费用	工资费用	场地费用	设备费用	实体教材费用
A							
B							
C							
……							
培训费用合计							
副总经理意见							
人力资源部意见							
总经理意见							

在培训预算项目审批通过后，就可以根据历史数据及实际情况制定针对不同级别员工的培训费用预算执行标准，见表6-2。

表6-2　培训费用预算执行标准

培训对象	培训软件费用				培训硬件费用		
	讲师费用	交通食宿费用	虚拟教材费用	工资费用	场地费用	设备费用	实体教材费用
新员工							
员工级							
主管级							
经理级							
总监级							
副总级							

　　此外，针对不同的培训项目，还需要确定不同的培训软件及硬件需求标准。在明确的培训软硬件标准下，见表6-3，按一定的基准为员工提供培训内容，接受培训的员工才能取得理想的培训效果。

表6-3　培训软硬件需求标准

培训项目	培训软件需求标准					培训硬件需求标准				
	讲师需求	课程需求	差率需求	时间需求	……	场地需求	教材需求	教具需求	设备需求	……
A										
B										
C										
……										

6.1.3 培训讲师及交通食宿费用的管控方法

1. 培训讲师费用的管控

培训讲师是培训过程中的核心资源。一名优秀的讲师，是一场培训活动能够发挥效用的关键。对企业来讲，可以通过内部开发（专职培训讲师、优秀的部门主管、专业技术人才、骨干员工、中高层管理者、拥有某项技能的兴趣爱好者等）来培养企业自己的讲师，还可以通过聘请外部讲师（培训机构或咨询企业的专业讲师、行业标杆企业的兼职讲师、某领域的专家或学者、高校教师、长期稳定合作的大型供货商或客户提供的讲师资源等）来对员工进行培训。

在企业编制内部专职或兼职讲师及外部聘请讲师的课时费用标准时，一般实施分级管理规定，根据讲师的级别来制定课时费用的预算标准。

2. 培训过程中的交通食宿费用管控

培训过程中的交通食宿费用也是一笔较大的支出，特别是对于规模较大的企业，为了给每一位员工提供必要的交通食宿费用，企业要在这方面做好完善的预算标准，在保障员工培训正常进行的情况下，尽可能地节约费用支出。

例如，交通工具要在效率更高的前提下再确定出行方式，培训地点可以选择企业的会议室等，根据当地的消费情况制定住宿及用餐标准等。

6.2 培训实施过程中的人力资源成本管控

培训是企业的一项投资，在培训活动的实施过程中，对培训运作的效率有较高的要求。如果培训能够高效运作，那么花费的管理成本就会更少，培训效果可能会更好；反之，则花费的成本更多，培训效果不尽如人意。因此，在培训活动的实施过程中，最好能够根据培训的类型等采用更有效的管理措施及流程，推动培训高效进行，以实现培训过程中的成本管控。

6.2.1　外派员工培训的管理措施

员工到企业外进行培训，对企业的管理更有挑战。当企业需要外派员工去培训时，HR可以通过以下管理工作来促进外派员工高效培训。

（1）员工需要外出培训时，由本人填写外出申请表，在外出培训申请表通过各级部门领导的审批后，在人力资源部备案。只要外出培训审批表通过，员工就可以外出参加培训。

（2）在外出培训结束、参加培训的员工回到企业后，要在一周的时间内提交外出培训记录表，见表6-4。外出培训记录表在部门领导审阅后，要报人力资源部，作为员工参加培训的资料加以保存。

表6-4　外出培训记录表

参训人员		所在企业	
所在部门		所在岗位	
培训课程		培训机构	
培训时间		培训地点	
培训内容：			
培训资料：			
培训收获及感想：			
直属领导审阅		部门负责人审阅	
人力资源部审阅		总经理审阅	

此外，员工为了提升自身综合素质和学历层次，自愿参加继续教育的，按同样的程序提交在工作期间接受继续教育的申请。

6.2.2　有效管控员工培训的物资

员工培训过程中，可能会用到较多的物资，对于这部分培训物资，企业要做好管控，尽可能节约培训物资，根据企业的实际情况，合理配置培训软硬件。

不同类型的培训用到的物资有很大的差距，企业在为员工配置培训物资时，可以依据以下情况配置。

（1）培训学员人数较少时，准备简单的、必要的培训物资；培训学员人数较多时，准备较全面的培训物资。

（2）学员为中高层管理人员时，准备直观的、体现前沿思想并能充分表现培训主题的培训物资；学员为普通员工时，准备传统的培训物资。

（3）培训内容偏重理论时，一般通过讲述、演示和讨论的形式进行，不需要准备过多的培训物资；培训内容偏重体验时，会融合讲授、活动，用到较多的培训工具，需要准备较多的培训物资。

HR还要督促后勤做好培训物资的管理工作，在具体的培训物资登记管理过程中，会用到培训物资管理表，见表6-5。根据物资管理的需要，培训物资管理表中可以根据需要添加不同的项目。

表6-5　培训物资管理表

培训物资	物资编号	所在地点	购置时间	能否正常使用	管理人	最后一次盘点时间	……

对培训物资的管理和利用应当本着充分应用的原则，如果某些物资（笔记本电脑、投影仪等）能够低成本在各个培训基地之间转移，那么只要做好物资的移动记录，就可以实现培训物资的共享，从而为培训节省不必要的支出。

6.3 如何在培训评估方面管控人力资源成本

企业的培训工作结束后，还需要实施相应的评估，也就是对顶层培训经费的使用情况、培训效果的转化情况和培训部门的实施情况进行评估考核。培训评估的实施，同样需要花费一定的成本。

6.3.1 培训评估到底有没有必要

HR在实际工作中可能会遇到这样的情况，原本企业每月可以进行20场的培训，但是自从实施培训评估后，企业每月举行的员工培训场次减少为10场。类似这样，为了实施培训评估，而使企业的培训次数减少的例子不在少数。这就让我们产生了疑问，企业到底有没有必要实施培训评估，要怎样平衡实施培训与培训评估之间的关系。

所以企业及HR需要平衡实施培训及培训评估中的成本，也就是根据企业实际管理的需要，以及成本花费的情况，来判断企业需要用什么样的标准来对培训进行评估、花费一定的培训评估成本有没有必要。

对于企业的培训评估工作，企业需要重视，但是不能忽视评估过程中的管理成本而过分强调培训评估的重要性。所以，我们要理解培训评估的本质：把培训实施后的结果与预期进行比较分析，以帮助下一次的培训找出问题，及时改善、提高培训的效果。HR在做培训管理时要明确，培训评估不是为了评估而评估，而是为了找出培训中的问题，为更好地培训而评估。

6.3.2 培训费用使用情况的评估

为了更有效地实施培训评估，培训管理人员需要将每一次的培训费用明细用表格清晰记录，这样更便于比较每一次的培训项目成本变化，并分析产生差异的原因，明确需要采取的措施。常用的培训费用评估表格式见表6-6。

表6-6　培训费用评估表

培训费用分类	培训项目A费用（万元）	培训项目A费用占比（%）	培训项目B费用（万元）	培训项目B费用占比（%）	……	年度培训费用总额（万元）	年度培训费用占比（%）
参训人员							
培训讲师							
培训硬件							
培训支持							
合计							

通过查看培训费用评估表，培训管理人员可以发现对企业产生较少价值的培训费用部分，这时，在企业培训预算不变的情况下，可以通过压缩产生价值较少的培训费用来节约培训成本。此外，由于培训的主体是参训人员与培训讲师，所以企业可以将培训费用向这两方面倾斜。

如果企业的培训费用支出较少，培训管理人员可以将培训费用的投入情况与产出效益的对比结果展示给高层管理者，这样，高层管理者就能够意识到培训对企业效益的重要性，从而有助于提升企业培训费用的开支。

6.3.3　促进培训效果转化的有效途径

企业组织员工培训是为了提升员工的能力，即通过转化、应用、传播、固化四个阶段将培训效果内化为员工的能力。而这四个阶段，也是企业培训评估需要关注的方面。

1. 转化

培训结束，培训管理人员要制定培训内容转化为工作技能的措施和步骤。例如培训管理人员可以将参训人员做出的承诺发给他的直属上级，让参训人员的上级来对参训人员的承诺进行监督和评价。

2. 应用

培训管理人员应当要求参训人员将培训内容应用于工作实践，以提升本人的工作技能，改进工作绩效，要求参训人员的直属管理层对员工的应用情况进行跟踪落实。在应用阶段，要设置培训管理机构，明确培训管理权责利的划分，参训人员的直属领导要做好监督、评价、管理和纠正。

3. 传播

培训管理人员可以鼓励参训人员将培训内容与他人进行分享、交流、研讨，或者担任内部培训讲师，把自己的知识经验再次向部门的其他人传播。

4. 固化

参训人员经过持续不断的重复应用，会形成更好的工作习惯，自觉结合工作实际应用新学的知识和技能。而且通过不断地实践、复盘，参训人员对培训内容的理解会进一步深化和升华，这样培训效果才算是发挥出了应有的作用。

6.4 培训要注意的法律成本

在员工培训过程中，企业还需要注意法律层面的成本，例如对员工进行规章制度培训的成本、不能胜任工作进行培训的成本、员工专项技术提升需要的培训成本。这些与培训环节相关的成本问题，企业需要明辨是非，按照法律法规的要求，合法合规实施。

6.4.1　企业规章制度方面的培训成本

1. 什么是规章制度培训的成本

企业需要劳动规章制度来规范企业与劳动者的劳动关系，以及促进劳动关系良好运行。这既能保证劳动者享有在用人单位的各项权利，也能制约和规范劳动者在工作场所的行为。目前，虽然大部分公司合法制度的制定都是依据各部门的参与和批准而设立的，但也有一些特殊情况，例如公司的一些重要培训计划、文档程序等仅由人力资源部门负责制定，这可能会使这些规章制度在执行时过于僵硬，实施不畅，从而产生一些不必要的成本。此外，有些企业的规章制度不够完善，员工在入职时不能接受较好的规章制度培训，这就为未来埋下了隐患。

《中华人民共和国劳动法》第四条、第二十五条有以下规定。

第四条　用人单位应当依法建立和完善规章制度，保障劳动者享有劳动权利和履行劳动义务。

第二十五条　劳动者有下列情形之一的，用人单位可以解除劳动合同：

（一）在试用期间被证明不符合录用条件的；

（二）严重违反劳动纪律或者用人单位规章制度的；

（三）严重失职，营私舞弊，对用人单位利益造成重大损害的；

（四）被依法追究刑事责任的。

2. 企业如何规避规章制度培训成本

（1）完善企业的规章制度，让企业的管理工作有章可循，实现用制度管理企业。

（2）加强对新员工的入职培训，让新员工能够了解企业的企业文化、经营理念、管理制度，通过向新员工介绍企业的各项文化，能让新员工更好地适应企业的工作内容，减少工作失误，从而避免消极怠工等带来的隐形成本。

（3）在制度层面加强企业文化的建设，企业文化最终会体现在企业的制度上，只有得到大部分员工认同，并能被大部分员工视为行为准则的制度，才能对企业的发展产生积极作用。

（4）制度要有可操作性，否则执行力度会大打折扣，不利于员工提高执行力。

6.4.2　不能胜任工作的培训成本

1. 什么是不能胜任工作

员工不能胜任工作是指员工的工作业绩表现不好，或者是不服从上级安排，或者是给公司造成了重大损失或负面影响。一旦出现这些情况，公司就会以员工不能胜任工作为由而辞退员工。这种辞退情况的出现，一般都是由用人部门直接决定的。不过，企业不能随意因员工不能胜任工作而辞退员工，当员工出现不能胜任工作的情形时，企业需要对其进行培训或者调整岗位工作，如果仍然不能胜任工作，企业才可以按照正常的途径辞退员工。

《中华人民共和国劳动合同法》第四十条有以下规定。

第四十条　有下列情形之一的，用人单位提前三十日以书面形式通知劳动者本人或者额外支付劳动者一个月工资后，可以解除劳动合同：

（一）劳动者患病或者非因工负伤，在规定的医疗期满后不能从事原工作，也不能从事由用人单位另行安排的工作的；

（二）劳动者不能胜任工作，经过培训或者调整工作岗位，仍不能胜任工作的；

（三）劳动合同订立时所依据的客观情况发生重大变化，致使劳动合同无法履行，经用人单位与劳动者协商，未能就变更劳动合同内容达成协议的。

2. 如何避免不能胜任工作的培训成本

（1）在企业的规章制度中对员工考核标准进行规定，同时考核结果由员工确认签字，以证明其不能胜任工作。

（2）必须对不能胜任工作的员工进行培训和岗位调整，然后进行再次考核，只有再次考核结果确认员工仍不能胜任工作时，再对员工做辞退处理。

（3）与工会保持沟通，用人单位单方面解除劳动合同，应当事先将理由通知工会，听取工会的意见，当工会同意用人单位的决定时，用人单位可以解除与劳动者的关系。如果工会还有不同的意见，用人单位应当在研究工会意见的基础上处理相关问题，同时将处理的结果以书面形式通知工会。

（4）企业做出的解除劳动合同通知书，必须当面送达员工，由员工签收。如果员工拒绝签收，则应当将当面送达情况做出书面说明，以保留证据；然后采取邮寄方式保留回执；若邮件被退回，则应将退回的信件完整保存；在获取未邮寄送达的证据后，采用张贴公告或通过新闻媒介通知，自发出公告之日起，经过60日，即视为送达。

（5）依法支付员工应得的经济补偿，HR在处理员工不能胜任工作的情况时，虽然要站在企业角度，为企业的利益考虑，但是也要注意维护员工的利益，根据相应的情况，按法律要求的处理流程，支付员工应得的经济补偿，避免给企业带来相关的法律成本。

6.4.3　员工专项技术提升需要的培训成本

1. 什么是员工专项技术培训

员工专项技术培训是内容比较专业、针对性比较强的员工培训方式。企业为员工提供专项技术培训的前提是员工事前并未具备相应的专业技术或技能，或者员工只具有相应的专业基础，但并未深入掌握及熟练应用相应的专业及技能。企业为员工提供专项技术培训，目的是让劳动者能够胜任更高层次或更专业的工作。

此外，专项技术培训一般只针对个别员工进行，培训内容比较专业和复杂，培训时长较长，而且所支付的费用还较高。

《中华人民共和国劳动合同法》第二十二条有以下规定。

第二十二条　用人单位为劳动者提供专项培训费用，对其进行专业技术培训的，可以与该劳动者订立协议，约定服务期。

劳动者违反服务期约定的，应当按照约定向用人单位支付违约金。违约金的数额不得超过用人单位提供的培训费用。用人单位要求劳动者支付的违约金不得超过服务期尚未履行部分所应分摊的培训费用。

用人单位与劳动者约定服务期的，不影响按照正常的工资调整机制提高劳动者在服务期间的劳动报酬。

2. 如何避免专项技术培训成本

（1）将培训协议作为劳动合同的附件，如果培训服务期的期限未到，企业与职工续签劳动合同时应写明培训服务期限与劳动合同期限一致。

（2）对于试用期员工，培训费用可以不用太高，只进行一些简单的入职培训即可。

（3）企业员工签订培训服务协议时要写明培训名称、培训的具体起止时间、培训后服务期限的起止时间。

（4）对于服务期限要明确标明，特别是多次参加培训的，要注意累加计算服务期限。

（5）违约责任要明确，注意培训协议与公司有关具体规定是否有相悖之处，以及如何处理等。

【HR说】与时俱进的员工培训方法实现成本管控

企业的优质人力资源队伍的建设，除了通过外部招聘渠道获取之外，还可通过培训方式来提高员工的整体素质，特别是在经济增长和技术进步的今天，企业更需要注意人力资源队伍的建设问题，也就是要更注重企业的员工培训制度完善和实施，为员工提供必要的培训，其本质是为企业的财富创造积累动力。

根据中华人民共和国人力资源和社会保障部2018年的数据，我国就业人口有7.76亿人，其中技能劳动者有1.65亿人左右，占就业人员总数的20%；高技能人才仅有4 700多万人，占就业人员总数的6%左右。可以看出，目前，我国的高技能人才需求缺口是非常大的，而高技能人才从何而来，企业的培训起着重要的作用。

在企业日益重视员工培训的当下，员工培训成本管控也要与时俱进，这需要企业结合现代科技等手段，对员工培训方式进行创新，力求用有效的、低成本的培训方式提高员工的整体素质，让员工充分发挥培训的效用，进而提升企业效益。

关于员工培训方式创新，以及培训成本管控，企业可以从以下几个方面着手。

1. 工学一体化

工学一体化是指在学习中工作，通过工作学习。这在职业教育中是一种常用的学员培养方式，它具有源于企业、融入企业、依靠企业、服务企业的特征。所以，企业可以与学校进行合作，通过产学结合，让学校为企业培养出合适的人才，从而为企业节约一定的员工培训成本。

2. 职业培训包

职业培训包是集培养目标、培训要求、培训内容、课程规范、考核大纲、教学资源等为一体的职业培训资源总和，是职业培训机构对劳动者开展政府补贴职业培训服务的工作规范和指南，对加强职业培训规范化、科学化管理，促进职业培训与就业需求有效衔接，推行终身职业培训制度有积极作用。

3. "互联网+"学习平台

利用互联网的特点，培训管理人员通过整合资源，打造基于移动互联网的学习平台，鼓励企业各方参与，将新模式、新方法、新技术等资源有效结合起来，从而不断丰富该平台。再从企业实际出发，有效实施培训管理。

第7章

薪酬绩效设计层面的
成本管控

在人力资源管理活动中，薪酬管理占据着重要的分量。此外，薪酬不仅是企业人力资源成本管理过程中的一个重要项目，还是企业员工最关注的项目，而且根据实际需要，薪酬管理并没有统一的模式。这对于企业来说，在薪酬层面进行成本管控，需要从多方面入手。

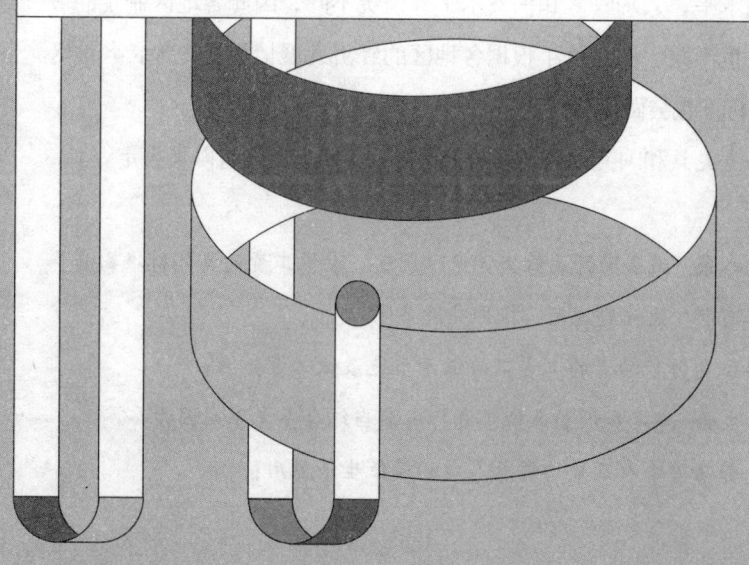

7.1 在法律层面，认识工资种类

工资是人力资源成本的重要组成部分。在法律上，工资有多种分类，HR通过薪酬层面管控人力资源成本时，首先需要从法律层面认识员工的工资种类，以避免一些法律问题出现，引发不必要的法律成本。

7.1.1 与各地区经济发展情况相关的最低工资

1. 最低工资制度

最低工资是由最低工资制度而来的，最低工资制度是国家为了维护劳动者取得劳动报酬等合法权益而通过立法程序制定的一项制度，只要劳动者在工作时间提供了正常劳动的前提下，用人单位就必须支付给劳动者的最低限度劳动报酬。

最低工资标准通常由一国或地方政府通过立法制定。由于我国不同地区经济发展水平、人均收入和消费水平等情况不同，因此各地区制定的最低工资标准也不同。而且每年根据各地区的经济发展情况变化等，各地区的最低工资标准也会做出调整。

《中华人民共和国劳动法》第四十八条、第四十九条有以下规定。

第四十八条　国家实行最低工资保障制度。最低工资的具体标准由省、自治区、直辖市人民政府规定，报国务院备案。

用人单位支付劳动者的工资不得低于当地最低工资标准。

第四十九条　确定和调整最低工资标准应当综合参考下列因素：

（一）劳动者本人及平均赡养人口的最低生活费用；

（二）社会平均工资水平；

（三）劳动生产率；

（四）就业状况；

（五）地区之间经济发展水平的差异。

《中华人民共和国劳动合同法》第八十五条有以下规定。

第八十五条　用人单位有下列情形之一的，由劳动行政部门责令限期支付劳动报酬、加班费或者经济补偿；劳动报酬低于当地最低工资标准的，应当支付其差额部分；逾期不支付的，责令用人单位按应付金额百分之五十以上百分之一百以下的标准向劳动者加付赔偿金：

（一）未按劳动合同的约定或者国家规定及时足额支付劳动报酬的；

（二）低于当地最低工资标准支付劳动者工资的；

（三）安排加班不支付加班费的；

（四）解除或者终止劳动合同，未依照本法规定向劳动者支付经济补偿的。

2. 如何避免最低工资制度引发的成本

（1）企业在给不同岗位的员工设定工资时，一定要明确当地的最低工资标准，不得低于最低标准。并及时了解当地最低工资标准的调整时间，及时更新信息，及时调整员工工资。

（2）明确最低工资标准包括的内容，即在劳动者提供正常劳动的前提下，用人单位应支付给劳动者的工资在剔除下列各项后，不得低于当地最低工资标准：延长工作时间的工资，中班、夜班、高温、低温、井下、有毒有害等特殊工作环境、条件下的津贴；法律、法规和国家规定的劳动者福利待遇等。但是，最低工资标准中包含职工个人应缴纳的社会保险费和住房公积金。

（3）劳动者如果由于个人原因没有提供正常劳动时，不受最低工资制度保障。

（4）除了《最低工资规定》中列举的扣除项目之外，用人单位提供给劳动者的补贴住房，或是支付给劳动者的非货币资金不算在最低工资标准内。

7.1.2　提供正常劳动的正常工作时间工资

1. 什么是正常工作时间工资

按照法律规定，劳动者依法享受这些假期期间：带薪休假、探亲假、婚丧假、生育（产）假、节育手术假等国家规定的假期间，以及法定工作时间内依法参加社会活动期间，均视为提供了正常劳动，享受正常工作时间工资。

所以，正常工作时间工资就是劳动者在正常或法定工作时间内为用人单位提供正常劳动应得的报酬。在正常工作时间工资中，除了对夜班、高温等特殊环境下的各类津贴有所规定之外，基本没有设定具体的项目，劳动报酬数目的多少及具体的项目完全由用人单位和劳动者协商确定在劳动合同中，且约定的工资不得低于当地的最低工资标准。

《中华人民共和国劳动法》第三十六条、第三十七条、第三十八条、第四十一条有以下规定。

第三十六条　国家实行劳动者每日工作时间不超过八小时、平均每周工作时间不超过四十四小时的工时制度。

第三十七条　对实行计件工作的劳动者，用人单位应当根据本法第三十六条规定的工时制度合理确定其劳动定额和计件报酬标准。

第三十八条　用人单位应当保证劳动者每周至少休息一日。

第四十一条 用人单位由于生产经营需要，经与工会和劳动者协商后可以延长工作时间，一般每日不得超过一小时；因特殊原因需要延长工作时间的，在保障劳动者身体健康的条件下延长工作时间每日不得超过三小时，但是每月不得超过三十六小时。

2. 如何保障员工的正常工作时间工资

（1）企业根据实际工作的需要，在保证不违反法律规定的前提下，按照《中华人民共和国劳动法》的规定灵活安排员工的工作时间。

（2）根据企业规模的大小，建立与自身相适应的考勤管理制度。对于人员较少的企业，可以采用书面签到的方式进行考勤；对于人员较多的企业，可以使用电子打卡或指纹打卡的考勤方式，同时安排考勤员对员工的打卡记录进行统计，并将考勤异常员工的统计结果交员工签字。

7.1.3 反映职工工资水平的社会平均工资

1. 什么是社会平均工资

社会平均工资，也被称为职工平均工资①。社会平均工资是某一个地区在某一时期内（通常为一年）全部职工工资总额除以这时期内职工人数后所得的平均工资。社会平均工资可以反映职工工资的平均水平和生活水平，能为计算报酬、计算赔偿额等提供一些参考。

社会平均工资与员工的如下权益密切相关：社会保险缴费基数，住房公积金缴费基数，退休人员养老金，工伤津贴费用，经济补偿，最低工资标准制定，个人所得税征免标准。

《中华人民共和国社会保险法》第六十条、第六十三条有以下规定。

---

① 职工平均工资不等于在岗职工平均工资。

第六十条　用人单位应当自行申报、按时足额缴纳社会保险费，非因不可抗力等法定事由不得缓缴、减免。职工应当缴纳的社会保险费由用人单位代扣代缴，用人单位应当按月将缴纳社会保险费的明细情况告知本人。

无雇工的个体工商户、未在用人单位参加社会保险的非全日制从业人员以及其他灵活就业人员，可以直接向社会保险费征收机构缴纳社会保险费。

第六十三条　用人单位未按时足额缴纳社会保险费的，由社会保险费征收机构责令其限期缴纳或者补足。

用人单位逾期仍未缴纳或者补足社会保险费的，社会保险费征收机构可以向银行和其他金融机构查询其存款账户；并可以申请县级以上有关行政部门做出划拨社会保险费的决定，书面通知其开户银行或者其他金融机构划拨社会保险费。用人单位账户余额少于应当缴纳的社会保险费的，社会保险费征收机构可以要求该用人单位提供担保，签订延期缴费协议。

用人单位后来足额缴纳社会保险费且未提供担保的，社会保险费征收机构可以申请人民法院扣押、查封、拍卖其价值相当于应当缴纳社会保险费的财产，以拍卖所得抵缴社会保险费。

2. 如何依照社会平均工资来保证员工的各项权益

（1）明确员工的缴费工资应为上年度申报个人所得税的工资、薪金税项的月平均额。

（2）企业如果没有按员工实际工资参保，应予补缴或赔偿损失；如果这种情况没有经过员工本人书面同意，员工一旦投诉或申请仲裁，企业会面临责令补缴或赔偿损失的法律后果。

（3）如果缴费工资申报基数与员工协商一致，并获得员工签名确认，或者双方在签订劳动合同时，对于社保缴纳基数有明确约定的，法律层面是不会认为公司是少缴的。

7.1.4 列入工资总额统计范围内的缴费工资

1. 什么是缴费工资

缴费工资是指国家统计部门规定列入工资总额统计范围内发放的工资，依据工资收入的实际情况而定，没有上下限。

缴费工资的确定实际上是对职工工资总额的确认。工资总额是指各单位在一定时期内直接支付给本单位全部职工的劳动报酬的总额。国家统计局在《关于工资总额组成的规定》中对哪些收入需要计入工资总额，哪些收入不计入工资总额有明确的规定。

这里需要明确缴费工资和缴费基数的区别，它们的概念、本质含义、管理部门是不同的。缴费工资的核定、申报是用人单位的义务，而缴费基数的确定则是社会保险经办部门的责任。

《中华人民共和国社会保险法》第十二条有以下规定。

第十二条 用人单位应当按照国家规定的本单位职工工资总额的比例缴纳基本养老保险费，记入基本养老保险统筹基金。

职工应当根据国家规定的本人工资的比例缴纳基本养老保险费，记入个人账户。

无雇工的个体工商户、未在用人单位参加基本养老保险的非全日制从业人员以及其他灵活就业人员参加基本养老保险的，应当按照国家规定缴纳基本养老保险费，分别记入基本养老保险统筹基金和个人账户。

2. 实际中如何明确缴费工资及社保缴纳基数

（1）企业应当经过职工本人的签字确认及公示后，为职工向社保部门申报社保缴纳基数。

（2）如果企业缴纳低于员工工资社保导致员工损失的需赔偿。

7.1.5 依据工龄而设置的工龄工资

1. 什么是工龄工资

工龄工资是与员工的工龄相关的工资。工龄是指职工以工资收入为生活资料的全部或主要来源的工作时间。工龄分为一般工龄和连续工龄，见表7-1。

表7-1 工龄工资的分类

工龄的分类	概念	特征
一般工龄	指职工从事生产、工作总的工作时间	与社保缴纳年限直接相关，一般地，工龄越长，参加社保的年限就越长，个人累计的养老保险和住房公积金等就越高，退休后领到的养老金就越多
连续工龄	指工人、职员在本企业内连续工作的时间	与职员所在企业的带薪休假、病假工资和医疗期、离职补偿等相关

工龄工资是企业分配制度的一种方式，虽然金额不是很高，但是工龄工资的作用是不能忽视的。

对于一名新员工来说，初进入企业时，对企业的贡献从零开始，但是随着员工对各项业务的熟悉，对企业的贡献也会不断增大，并会在某一时间达到最大化。此外，当员工在一家企业工作时间较长后，他的创造力、能动性等会有所减弱，再加上个人工资总额的不断提高，员工对企业的边际贡献可能会减弱。这时，企业按同一标准分配工龄工资就显得不公平了。

《中华人民共和国劳动合同法实施条例》第十条有以下规定。

第十条 劳动者非因本人原因从原用人单位被安排到新用人单位工作的，劳动者在原用人单位的工作年限合并计算为新用人单位的工作年限。

2. 企业如何安排工龄工资

工龄工资的设置要体现出"论功行赏"的原则，也就是可以实行"抛物线"工龄工资。新员工自起拿年限起就能享受工龄工资，同时要侧重于企业工龄的分配，对企业贡献越大的员工拿到的工龄工资越高。

7.1.6　员工在正常工作时间内应得的标准工资

1. 什么是标准工资

标准工资是指员工在正常工作时间内为用人单位提供正常劳动应得的劳动报酬，它是工资总额的重要部分。同时，用人单位支付给员工的最低工资不得低于当地最低工资标准。

标准工资也称基本工资，是劳动者所得工资总额的基本组成部分，由用人单位按照规定的工资标准支付，与工资额的其他部分相比，标准工资额部分是相对稳定的。

需要注意，标准工资不包括支付周期超过一个月的劳动报酬（季度奖、半年奖、年终奖等），无确定支付周期的劳动报酬（一次性的奖金、津贴、补贴等）。

2. 如何执行标准工资

（1）结合公司的生产、经营、管理特点，建立规范合理的工资分配制度。

（2）以员工岗位责任、劳动绩效、劳动态度、劳动技能等指标综合考核员工报酬，适当向经营风险高、责任大、技术含量高、有定量工作指标的岗位倾斜。

（3）坚持"各尽其能、按劳分派"的原则，工资总额增长幅度低于本企业经济效益增长幅度，职工平均实际收入增长幅度不超过企业劳动生产率增长幅度的原则。

7.1.7　理解并区分应发工资与实发工资

1. 应发工资与实发工资的区别

（1）应发工资，是指根据劳动者付出的劳动，应得到的工资待遇。例如，工资单上的岗位工资、薪级工资、绩效工资、奖金、加班费、各种补贴津贴等，就是员工的应发工资。

（2）实发工资，也称应得工资，指劳动者应当实际得到或用人单位实际应当支付给劳动者的报酬。

实发工资与应发工资之间的关系可以用下面的公式表示。

实发工资=应发工资—五险一金个人缴纳部分—应缴个人所得税

2. 应发工资对应的一些规定

（1）依据《中华人民共和国个人所得税法》的规定，员工的应税工资应以应发工资为基准缴纳，也就是应发工资中的所有组成项目都在缴纳个人所得税的范围内。

（2）应发工资是劳动者提供了正常劳动后的报酬，不得低于当地最低工资标准。

（3）企业向员工支付经济补偿金时，经济补偿的月工资应按照劳动者应发工资计算。

（4）HR要合理设置工资标准，避免应发工资过高给企业带来损失。

7.2　薪酬策略对人力资源成本管控的作用

企业还可以通过定位薪酬策略来进行人力资源成本管控。在了解企业发展及企业战略目标的基础上，企业就可以依据实际情况来制订适合企业自身水平的薪酬策略，从而确定更合理的薪酬结构，以实现企业薪酬层面的人力资源成本管控。

7.2.1　企业常用的四种薪酬策略

企业在定位自身的薪酬策略时，除了要考虑企业自身的战略规划和吸纳员工与维系员工的能力等外，还需要考虑竞争对手等企业外部的条件。基于对这些因素的考虑，企业常用的薪酬策略见表7-2。

表7-2　常用的四种薪酬策略

薪酬策略	薪酬水平	适合企业	优势	劣势
市场领先型	在同行业中处于领先地位	1.市场处于扩展期的企业，有很多市场机会和成长空间，对高素质人才需求迫切 2.企业自身处于高速成长期、薪酬的支付能力比较强，在同行业中处于领先地位	能够吸引并留住一流的高素质人才，能够确保企业有一支技术熟练、效率高的员工队伍。这时企业就可以将更多的精力投入到比薪酬成本控制更重要和更有价值的工作中	人力成本增加，给企业带来一定的财务压力，可能会限制薪酬管理的弹性空间
市场追随型	向竞争对手或标杆企业看齐	建立或找准自己的标杆企业，企业的经营与管理模式都向行业标杆企业看齐，同样薪酬水平也跟随标杆企业	对企业产生的风险较小，能够为企业吸引到足够数量的员工，不过在吸引非常优秀的求职者时不具有优势	需要及时掌握劳动力市场的平均水平，对薪酬市场的时效性和准确性要求较高；难以招到行业中最顶尖的人才
市场拖后型	保持在劳动市场低于50分位值的水平	规模较小，利润较低，市场竞争激烈，财务状况差，经营遇到困难，战略转变为维持现状、减少产量或缩小经营范围的企业	能够减少人力成本，减轻企业的压力	在企业经营状况得到改善时，招人难度较大

（续表）

薪酬策略	薪酬水平	适合企业	优势	劣势
混合型	针对不同部门、不同岗位、不同人才，采用不同的薪酬策略	组织相对稳定、业务比较成熟、管理比较规范、人力资源专业能力比较强，对企业核心与关键性人才和岗位采用市场领先薪酬策略，而对一般的人才、普通岗位采用非领先的薪酬水平策略	能够实现薪酬的外部竞争性与内部公平性的有机结合	需要注意外部竞争性和内部公平性之间的关系，防止员工队伍出现不稳定、离职潮等

7.2.2　薪酬策略结构的确定

针对不同的企业战略、薪酬战略和岗位类型，企业可以依据固定薪酬和浮动薪酬在工资总额中的比例，制定不同的薪酬结构策略。

常见的薪酬结构策略如图7-1所示。

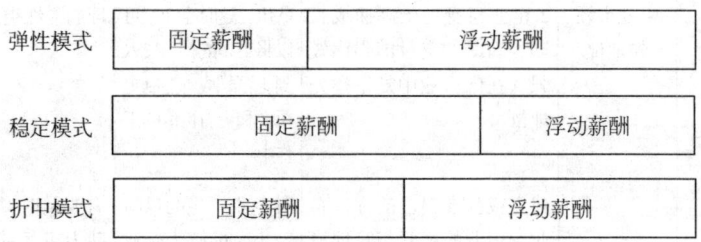

图7-1　薪酬结构策略

薪酬结构策略主要针对不同岗位而言，弹性模式、稳定模式、折中模式三种薪酬结构策略的比较见表7-3。

表7-3　薪酬结构策略的比较

薪酬结构策略	特点	适用岗位	优点	缺点
弹性模式	固定薪酬的比例较低（通常低于40%），浮动薪酬的比例较高（通常高于60%）	与企业业绩关联度较高的岗位，例如销售业务人员、总经理、高管岗位等	激励性较强，能有效改善员工行为	员工压力较大，缺乏安全感，可能造成员工离职率高，忠诚度较低
稳定模式	固定薪酬的比例较高（通常高于60%），浮动薪酬的比例较低（通常低于40%）	与企业业绩关联度较低的岗位，例如行政助理岗位、财务岗位、人力资源管理岗位等	员工有较强的安全感，忠诚度较高	激励性较差，往往会造成企业人力资源成本过高，员工的积极主动性不高，员工感受到的外界压力较小
折中模式	固定薪酬和浮动薪酬的比例持平，通常各占50%	应用在企业经营状况较稳定，以及企业业绩的关联度与岗位人员的能力素质要求并重的岗位，例如技术研发岗、生产工艺岗等	具有弹性模式和稳定模式的优点，同时具有一定的缓冲性和适应性	具有弹性模式和稳定模式的缺点

此外，企业在设置员工的薪酬工资时，要注意以下几点。

1. 避免同岗同薪制、同级同薪制

同岗同薪制、同级同薪制，就是指同岗位或同级别的员工，匹配一样的工资。

一般来说，即使是同岗位、同级别的员工，他们在工作岗位上的绩效和贡献度也是不一样的，所以企业不能忽视员工个体在岗位上的价值，在设计薪酬时，要考虑员工的主观能动性，基于员工在岗位上的价值与贡献来为其匹配相应的薪酬水平。

2. 避免固定工资直接转为绩效工资

有些企业，可能不管是什么岗位、什么级别，绩效工资都是基本工资的一倍。这种做法也会将不同岗位、不同级别员工的价值、贡献和责任给忽略掉，而且有些岗位（保安、文员等）还不能比较细致地进行绩效的量化考核。

3. 没有限制的司龄工资

有些企业出于降低员工的离职率、培养员工的忠诚度，以及表示出对老员工的重视，会设置没有限制的司龄工资。这种看似有效的工资设置，很大程度上增加了企业工资成本的支出，而且起到的效果也不会非常明显。所以，企业要想留住员工，还需要给员工提供晋升和涨薪的机会，在这些机会的激励下，有能力的员工才会留在企业。

7.3 基于绩效策略，有效管理降低人力资源成本

在管理学上，绩效是组织期望的结果，是组织为实现其目标而展现在不同层面上的有效输出，包括个人绩效和组织绩效。在薪酬层面，我们关注的是个人绩效。个人绩效是一种员工的激励性收入。在人力资源管理中，绩效管理是一个比较繁杂的问题，量化考核是员工获得绩效的主要途径。

7.3.1 绩效管理的一些基本内容

1. 绩效薪酬分配的原则

个人绩效的分配，在不同的企业，分配的依据一般是不同的。不过，绩效分配的基本原则是一致的，要体现出按劳分配、效率优先、兼顾公平、质量为核心等原则，让绩效与工作数量、工作质量等挂钩。

2. 绩效管理的基本流程

绩效管理有四大流程，分别是绩效计划、绩效监控、绩效辅导、绩效评价。

（1）绩效计划：绩效计划是被评估者和评估者双方对员工应该实现的工作绩效进行沟通的过程，并将沟通的结果落实为订立正式书面协议，即绩效计划和评估表，它是双方在明晰责权利的基础上签订的一个内部协议。

（2）绩效监控：在整个绩效周期内，管理者采取恰当的领导风格，预防或解决绩效周期内可能发生的各种问题，以更好地帮助下属完成绩效计划，以及记录工作过程中的关键事件或绩效信息，是为绩效评价提供依据的过程。

（3）绩效辅导：指管理者与员工讨论有关工作的进展情况，潜在的障碍和问题，解决问题的办法措施，员工取得的成绩以及存在的问题，管理者如何帮助员工等的过程。

（4）绩效评价：依照预先确定的评价方法、关键绩效指标及评价标准，对评价对象为实现其职能所确定的绩效目标的实现程度，以及为实现这一目标所安排预算的执行结果所进行的综合性评价。

3. 明确绩效考核体系的设计原则

（1）绩效考核的目的：规范员工的行为，同时激励员工，将员工行为引向企业的总体目标，在企业保持竞争机制，通过优胜劣汰保持企业的竞争优势。

（2）绩效考核的内容：联系客户满意度及员工对公司创造的价值；通过与工作及权利范围的联系，以增加员工的积极性。

（3）绩效考核的指标：必须是明确、具体、有挑战性、现实可行的，并且要切合公司的战略目标，综合平衡短期目标与长期目标的关系。

（4）绩效考核的方法：必须公平、操作性强，应由最了解业务的经理（或主管）负责，也必须有高层领导参与。

7.3.2 绩效薪酬如何操作

企业对员工绩效考核的结果，会在员工的薪酬调整中加以应用，也就是员工的调薪比例是根据员工的绩效考核结果确定的。当员工的绩效考核结果评分较高时，薪酬也会相应较高；当员工的绩效考核评分较低时，薪酬会不调甚至更低；当员工的绩效考核评分特别低时，可能还会出现降薪的情况。企业根据绩效考核调薪的周期有年度周期、季度周期、月度周期。

为了在绩效考核中得到有效的考核结果，企业需要根据自身的业务种类，做好员工在每一个绩效考核周期中的工作表现。在依据考核结果对员工薪酬调整时，可以综合以前绩效考核周期的情况以及本绩效考核周期的情况，来对员工的薪酬进行综合调整。

表7-4中是某企业根据员工以前的年度绩效考核结果及本年度的绩效考核结果，对员工基本工资进行调整的情况，员工基本工资调整等级划分为上升两级、上升一级、不变、下降一级。

表7-4 某企业员工年度绩效考核结果与年度基本工资调整情况

本年度绩效考核结果	上年度绩效考核结果	基本工资薪酬调整等级
A	A	上升两级
	B	上升一级
	C或D	不变
B	A或B	上升一级
	C或D	不变
C	A或B或C或D	不变
D	A或B或C	不变
	D	下降一级

7.3.3 避开绩效管理中的误区

1. 只重视绩效考核而忽视绩效管理

企业在绩效管理的过程中，可能会出现只重视绩效考核的结果，而忽视绩效管理的过程。企业中常出现的"鞭打快牛"现象，就是只重视员工的绩效考核结果，对"快牛"（绩效不断提升的员工）不断进行鞭打，而对"慢牛"（绩效不变甚至下降）的员工却采取放任态度。

2. 缺乏科学、规范、完善的绩效指标体系

（1）企业的绩效考核没有形成统一关联、方向一致的目标与指标链，指标与指标之间缺乏相互关联的支持逻辑，有时还存在一些对立的矛盾。例如有的企业可能会硬性规定一些绩效考核指标，但是又控制这些指标实现的过程。

（2）设置绩效考核分享指标与最终要追求的绩效目标不一致。例如一些企业会设置工作完成量指标，但是不关心完成工作量需要具备的条件。

（3）对于一些无法完全量化的工作内容，使用一些模糊、无准确定义的指标来考核，会导致考核者无法指导与准确地评估，从而给员工造成一些不公平的待遇。例如一些行政岗位、文秘岗位等，就很难用明确的指标对员工进行绩效考核。

3. 绩效考核中只重视员工的工作结果而忽视员工的综合素质

企业进行员工绩效考核时，不同员工的综合素质一般会有较大的差距，员工的事业心、责任感、敬业精神、奉献意识等，一般都不在绩效考核的范围内，绩效考核更关注员工的工作结果，而对员工本身的素质却较少关注，经常忽视上级、平级、下级和服务的客户及被考核者对自身的评价。这种基于360度的绩效考核操作不仅难度较大，而且可能会出现个人关系的影响。

7.4 在职员工的一些薪酬福利管控

企业的在职员工，其应得的薪酬福利细分起来可以包括诸多方面，例如工作日的各种加班、值班费；此外，还有一些假期工资的支付等，企业都要合法合规地支付给员工，如果出现违法违规情况，企业可能会承担一定的法律成本。

7.4.1 员工的各种加班费如何确定

加班费是企业安排员工加班产生的费用，有些企业存在严重的加班情况，甚至出现"996""5+2""白+黑"等一些超时加班情况，企业的这些加班行为，违反了《中华人民共和国劳动法》关于延长法定工作时间的相关规定。

就员工的加班费而言，主要分为以下几种类型。

1. 工作日加班费

工时又称工作时间，其主要表现形式是工作日，即法律规定的劳动者在一昼夜内的工作时间长度。《中华人民共和国劳动法》对劳动者的每日工作时间有不超过8小时、平均每周工作时间不超过44小时的明确规定。任何单位和个人不得擅自延长劳动者的工作时间。

那么针对企业的加班情况，为了不对员工利益造成损失，也为了不违反法律制度，企业需要做到以下几点。

（1）制定加班管理制度：企业的加班制度要在标准工时制的条件下确定，同时制定规章制度加以规范和明确，以保证企业利益与员工利益达到平衡。这里，企业在制定规章制度时，不得与法律、法规、政策、规定、公序良俗相抵触；应当经过职工代表大会讨论后制定；必须公示或者告知劳动者并请劳动者签字。

（2）依法支付员工的加班工资：在标准工作日安排员工加班的，支付不低于工资的150%的工资报酬。

（3）企业安排员工加班的，为保障员工的休息权，要在《中华人民共和国劳动法》规定的条件下进行，同时还要严格遵守加班时长的要求[①]。

（4）保留支付加班费的证据资料：企业要有规范的、能够反映当月加班工资的支付凭证。同时要让员工在工资支付凭证中签字确认，并保留好这些凭证资料。

2. 公休日加班费

公休日也就是休息日，一般指双休日。如果企业在休息日安排员工加班，首先应该安排员工补休，在无法补休时，就需要支付员工不低于工资200%的加班费。

为了有效平衡企业与员工在公休日加班的利益平衡点，企业需要做到以下几点。

（1）建立加班的申请审批流程制度，明确规定加班的情形：根据《中华人民共和国劳动法》的规定，员工加班是需要企业安排的，所以企业建立加班申请制度，明确加班申请审批流程，只有经过相关部门领导或部门审核后，员工方可加班。同时，企业还要将加班的情形写入公司的规章制度。

（2）切勿强迫员工加班：用人单位不能强迫员工加班，更不能克扣员工工资。用人单位若是安排员工加班，必须事先与工会组织协商，如果用

---

① 《中华人民共和国劳动法》第四十一条　用人单位由于生产经营需要，经与工会和劳动者协商后可以延长工作时间，一般每日不得超过一小时；因特殊原因需要延长工作时间的，在保障劳动者身体健康的条件下延长工作时间每日不得超过三小时，但是每月不得超过三十六小时。

人单位违法要求员工加班，那么员工有权拒绝加班。

（3）注意不得安排员工加班的情形：妊娠期的女员工，不应延长其劳动时间；女员工怀孕7个月以上，或女员工在哺乳期①内，用人单位不能安排加班。

3. 法定节假日加班费

法定节假日工资是指法定节假日日常工资和法定节假日加班工资之和。我国目前的法定节假日共11天。在法定节假日，员工有权不上班，企业应按正常上班情形一样支付员工的工资。

在法定节假日安排员工加班的，应当支付给员工的加班工资不低于其日工资的300%。企业为了避免法定节假日安排员工加班产生的各种费用，可以从以下几方面入手。

（1）尽量避免安排员工在法定节假日加班。

（2）安排员工法定节假日加班的，必须与员工协商一致。

（3）不要把一起放假的天数都视为法定节假日。国家为了便利居民出行、购物和休闲等，允许周末上移下错，与法定节假日形成连休，所以并不是放假的所有天数加班都要按支付三倍工资计算，只有法定的11天支付三倍工资。

（4）可以强制加班的情形：发生自然灾害、事故等，使人民的安全和国家财产遭到严重威胁，需要紧急处理的；生产设备、交通运输线路、公共设施发生故障，影响生产和公共利益，必须及时抢修的；必须利用法定节假日或公休日的停产期间进行设备检修、保养的；为完成国家紧急任务，或者完成上级在国家计划外安排的其他紧急生产任务，以及商业、供销企业在旺季必须完成的。

---

① 哺乳期指女员工哺乳未满一周岁婴儿期间。

7.4.2　员工的假期工资如何计算

明确各类与员工相关的假期工资支付标准、支付时间和支付方式，在一定程度上可以帮助企业降低用工成本。

1. 带薪年休假工资

带薪年休假是指劳动者连续工作一年以上，就可以享受一定时间的带薪年假。

在《职工带薪休假条例》《企业职工带薪休假实施办法》的出台与实施下，企业的人力资源成本有一定幅度的上升，这对中小企业而言，用工成本更显著。企业需要明确员工在年休假期间享受与正常工作时间一致的工资。

为避免带薪年休假引发的一些成本问题，企业需要明确以下几点。

（1）职工在同一或者不同用人单位工作期间应当累计计算工作年限。同时企业要明确，职工累计工作已满一年不满10年的，年休假5天；已满10年不满20年的，年休假10天；已满20年的，年休假15天。

（2）职工未休年假的，应当按其日工资[1]收入的300%支付工资报酬。

（3）员工可以安排年休假，企业春节期间可以安排员工集中休年假。同时，企业要完善年休假管理制度，企业年假的核准日可以以"入职核准+年度核准（一般安排在年初）"进行操作。

2. 病假与医疗期工资

员工患病或非因公负伤治疗期间，在规定的医疗期间内由企业按照有关规定支付其病假工资或疾病救济费，病假工资和疾病救济费可以低于当地最低工资标准支付，但不能低于最低工资标准的80%。此外，在医疗期内，企业不得解除与员工的劳动合同时限。

---

[1] 按照职工本人的月工资除以计薪天数（21.75天）进行折算。

当企业员工患病或处在医疗期时，会给企业的生产经营带来一些影响，为了避免产生这些影响，企业需要从以下几点着手预防。

（1）在录用员工时，把握好入职体检这一关口，还可以定时给员工安排体检。

（2）给员工提供良好的工作环境与工作场所，并培训员工保持良好的工作生活习惯。

（3）及时批准员工的病假和医疗期事假。根据员工实际工作的年限及在本单位的工作年限，保障员工应享有的医疗期。

3. 婚丧假工资

婚假是劳动者本人结婚时依法享有的假期，婚假期间的工资由用人单位如数支付。职工享有婚假的前提是达到了法定结婚年龄。婚假在法律层面没有规定，只在行政法规和规范性文件层面有介绍，各地的执行标准也不统一。

无论职工是初婚者，还是再婚者，都享有同样的婚假待遇。

丧假是指职工的直系亲属去世时，职工可以享受的假期。在丧假期间，职工的工资照发。

4. 女性产假工资

女性职工在休产假时，如果已经参与了生育保险，则可以根据生育保险的规定，由生育保险基金支付产假工资，其标准是该年度本人缴纳社会保险的基数。同时，产假期间女性职工还可以领取生育津贴和医疗津贴，其所在单位不再支付产假工资。

如果职工所在单位没有参与生育保险，企业应当承担员工产假期间按规定支付的工资。

（1）企业应当依法保证女职工休产假的权利，并按各地规定执行产前假。

（2）女职工如果是晚育的，应当根据当地规定给予配偶护理假。

（3）违法生育的女职工同样依法享有休产假的权利。

5. 女性哺乳期与哺乳假工资

哺乳期是指生产后，对未满一周岁的婴儿进行哺乳的期间。这期间是女性职工依法享有的哺乳时间，不因女职工是否以母乳给婴儿哺乳而有所异同。

《女职工劳动保护条例特别规定》第五条 用人单位不得因女职工怀孕、生育、哺乳降低其工资、予以辞退、与其解除劳动或者聘用合同。

企业不得安排女职工在哺乳期加班，并且给予有不满一周岁婴儿的女职工哺乳时间。《女职工劳动保护条例特别规定》指出："用人单位应当在每天的劳动时间内为哺乳期女职工安排1小时哺乳时间；女职工生育多胞胎的，每多哺乳1个婴儿每天增加1小时哺乳时间。"

7.5 HR在社会保险层面的成本认知

社会保险，即五险一金（基本养老保险、基本医疗保险、失业保险、工伤保险、生育保险、住房公积金），是企业人力资源成本中的重要一项，是企业中占比较大的一项支出。为了降低社会保险给企业带来的成本支出，一些企业会与员工约定不缴纳社保，或者让员工自己办理灵活就业人员保险；也有企业只在员工通过试用期转正后，才开始缴纳保险；等等。这些不合法规的社保缴纳操作，可能会给企业带来更大的成本支出。

7.5.1 对社会保险的基本认识

1. 社会保险

社会保险是由国家推出的，目的是使公民共享发展成果，促进社会和谐稳定。国家为了预防和分担年老、失业、疾病及死亡等社会风险，实现社会安定，而强制社会多数成员参加社会保险。社会保险制度是具有所得重分配功能的非营利性的社会安全制度。

我国的社保体系由五险一金组成，其中五险在企业工资总额中的占比较高。企业应当依法为员工缴纳社会保险，否则要承担一定的法律责任。

2. 与社会保险相关的一些法律规定

（1）《中华人民共和国社会保险法》第五十七条、第五十八条有以下规定。

第五十七条 用人单位应当自成立之日起三十日内凭营业执照、登记证书或者单位印章，向当地社会保险经办机构申请办理社会保险登记。社会保险经办机构应当自收到申请之日起十五日内予以审核，发给社会保险登记证件。

用人单位的社会保险登记事项发生变更或者用人单位依法终止的，应当自变更或者终止之日起三十日内，到社会保险经办机构办理变更或者注销社会保险登记。

市场监督管理部门、民政部门和机构编制管理机关应当及时向社会保险经办机构通报用人单位的成立、终止情况，公安机关应当及时向社会保险经办机构通报个人的出生、死亡以及户口登记、迁移、注销等情况。

第五十八条 用人单位应当自用工之日起三十日内为其职工向社会保险经办机构申请办理社会保险登记。未办理社会保险登记的，由社会保险经办机构核定其应当缴纳的社会保险费。

自愿参加社会保险的无雇工的个体工商户、未在用人单位参加社会保险的非全日制从业人员以及其他灵活就业人员，应当向社会保险经办机构申请办理社会保险登记。

国家建立全国统一的个人社会保障号码。个人社会保障号码为公民身份号码。

（2）《中华人民共和国劳动合同法》第三十八条有以下规定。

第三十八条　用人单位有下列情形之一的，劳动者可以解除劳动合同：

（一）未按照劳动合同约定提供劳动保护或者劳动条件的；

（二）未及时足额支付劳动报酬的；

（三）未依法为劳动者缴纳社会保险费的；

（四）用人单位的规章制度违反法律、法规的规定，损害劳动者权益的；

（五）因本法第二十六条第一款规定的情形致使劳动合同无效的；

（六）法律、行政法规规定劳动者可以解除劳动合同的其他情形。

用人单位以暴力、威胁或者非法限制人身自由的手段强迫劳动者劳动的，或者用人单位违章指挥、强令冒险作业危及劳动者人身安全的，劳动者可以立即解除劳动合同，不需事先告知用人单位。

7.5.2　对五险一金的详细了解

1. 基本养老保险

基本养老保险又称国家基本养老保险，是国家根据法律、法规强制建立和实施的一种社会保险制度。

职工应当参加基本养老保险，并由用人单位和职工共同缴纳基本养老保险费。无雇工的个体工商户、未在用人单位参加基本养老保险的非全日制从业人员及其他灵活就业人员可以参加基本养老保险，由个人缴纳基本养老保险费。

基本养老保险对企业员工来说，是一项非常重要的福利。关于企业和员工需要缴纳的基本养老保险费的比例，各地区各不相同。

基本养老金由统筹养老金和个人账户养老金组成。基本养老金根据个人累计缴费年限、缴费工资、当地职工平均工资、个人账户金额、城镇人口平均预期寿命等因素确定。

《中华人民共和国社会保险法》第十六条有以下规定。

第十六条　参加基本养老保险的个人，达到法定退休年龄时累计缴费满十五年的，按月领取基本养老金。

参加基本养老保险的个人，达到法定退休年龄时累计缴费不足十五年的，可以缴费至满十五年，按月领取基本养老金；也可以转入新型农村社会养老保险或者城镇居民社会养老保险，按照国务院规定享受相应的养老保险待遇。

2. 基本医疗保险

基本医疗保险，是为补偿劳动者因疾病风险造成的经济损失而建立的一项社会保险制度。职工应当参加职工基本医疗保险，由用人单位和职工按照国家规定共同缴纳基本医疗保险费。无雇工的个体工商户、未在用人单位参加职工基本医疗保险的非全日制从业人员及其他灵活就业人员可以参加职工基本医疗保险，由个人按照国家规定缴纳基本医疗保险费。

在不同的地区，企业和职工个人缴纳医疗保险的费率不同。而且医疗保险还可以跨地区流动，可以随参保人员的就业地区变化而变化。

《中华人民共和国社会保险法》第二十七条有以下规定。

第二十七条　参加职工基本医疗保险的个人，达到法定退休年龄时累计缴费达到国家规定年限的，退休后不再缴纳基本医疗保险费，按照国家规定享受基本医疗保险待遇；未达到国家规定年限的，可以缴费至国家规定年限。

3. 工伤保险

工伤保险又称职业伤害保险，是通过社会统筹的办法，集中用人单位缴纳的工伤保险费，建立工伤保险基金，对劳动者在生产经营活动中遭受意外伤害或职业病，并由此造成死亡、暂时或永久丧失劳动能力时，给予劳动者及其实用性法定的医疗救治及必要的经济补偿的一种社会保障制度。

职工应当参加工伤保险，由用人单位按照本单位职工工资总额缴纳工伤保险费，职工不缴纳工伤保险费。国家根据不同行业的工伤风险程度确定行业的差别费率，并根据使用工伤保险基金、工伤发生率等情况在每个行业内确定费率档次。行业差别费率和行业内费率档次由国务院社会保险行政部门制定，报国务院批准后公布施行。

《中华人民共和国社会保险法》第三十六条有以下规定。

第三十六条　职工因工作原因受到事故伤害或者患职业病，且经工伤认定的，享受工伤保险待遇；其中，经劳动能力鉴定丧失劳动能力的，享受伤残待遇。

工伤认定和劳动能力鉴定应当简捷、方便。

4. 失业保险

失业保险是指国家通过立法强制实行的，由社会集中建立基金，对因失业而暂时中断生活来源的劳动者提供物质帮助以保障失业人员失业期间的基本生活，进而促进其再就业。

职工应当参加失业保险，由用人单位和职工按照国家规定共同缴纳失业保险费。

《中华人民共和国社会保险法》第四十五条有以下规定。

第四十五条　失业人员符合下列条件的，从失业保险基金中领取失业保险金：

（一）失业前用人单位和本人已经缴纳失业保险费满一年的；

（二）非因本人意愿中断就业的；

（三）已经进行失业登记，并有求职要求的。

失业人员可以享受的失业保险金的标准，由各省、自治区、直辖市人民政府确定，不得低于城市居民最低生活保障标准。

5. 生育保险

生育保险是国家通过立法，在怀孕和分娩的妇女劳动者暂时中断劳动时，由国家和社会提供医疗服务、生育津贴和产假的一种社会保险制度。

职工应当参加生育保险，由用人单位按照国家规定缴纳生育保险费，职工不缴纳生育保险费。用人单位已经缴纳生育保险费的，其职工享受生育保险待遇；职工未就业配偶按照国家规定享受生育医疗费用待遇。所需资金从生育保险基金中支付。生育保险待遇包括生育医疗费用和生育津贴。

《中华人民共和国社会保险法》第五十六条有以下规定。

第五十六条　职工有下列情形之一的，可以按照国家规定享受生育津贴：

（一）女职工生育享受产假；

（二）享受计划生育手术休假；

（三）法律、法规规定的其他情形。

生育津贴按照职工所在用人单位上年度职工月平均工资计发。

6. 住房公积金

住房公积金是指用于住房的社会福利，是指国家机关、国有企业、城镇集体企业、外商投资企业、城镇私营企业及其他城镇企业、事业单位、民办非企业单位、社会团体（以下统称单位）及其在职职工缴存的长期住房储金。

住房公积金具有普遍性、强制性的特点。按照规定：职工和单位住房公积金的缴存比例均不得低于职工上一年度月平均工资的5%；有条件的城市，可以适当提高缴存比例。

《住房公积金管理条例》第二十四条有以下规定。

第二十四条 职工有下列情形之一的，可以提取职工住房公积金账户内的存储余额：

（一）购买、建造、翻建、大修自住住房的；

（二）离休、退休的；

（三）完全丧失劳动能力，并与单位终止劳动关系的；

（四）出境定居的；

（五）偿还购房贷款本息的；

（六）房租超出家庭工资收入的规定比例的。

7.6 针对特殊员工的薪酬福利管控

企业在用人的过程中，为员工提供安全的工作环境和工作条件是基本要求，但是难免发生意外，导致职工负有工伤；同时，企业招收的实习生、竞业限制人员等特殊人员，都对应着企业的一些成本支出。

7.6.1 工伤或工亡人员的薪酬福利

1. 一次性伤残补助金

一次性伤残补助金，是给予伤残劳动者的一次性职业伤害补偿，给付标准依据劳动鉴定机构评定的伤残等级而定。根据《工伤保险条例》的规定，不同的伤残级别对应的一次性伤残补助金见表7-5。

表7-5 一次性伤残补助金的执行标准

伤残级别	补助标准	备注
一级	27个月的本人工资	职工因工致残被鉴定为一级至四级伤残的，保留与用人单位的劳动关系，退出工作岗位，享受一次性伤残补助金待遇
二级	25个月的本人工资	
三级	23个月的本人工资	
四级	21个月的本人工资	
五级	18个月的本人工资	职工因工致残被鉴定为五级、六级伤残的，保留与用人单位的劳动关系，由用人单位安排适当的工作，享受一次性伤残补助金
六级	16个月的本人工资	
七级	13个月的本人工资	职工因工致残被鉴定为七级至十级伤残的，劳动合同期满，或者职工本人提出解除劳动合同的，由工伤保险基金支付一次性医疗补助金，由用人单位支付一次性伤残就业补助金
八级	11个月的本人工资	
九级	9个月的本人工资	
十级	7个月的本人工资	

2. 一次性伤残就业补助金

一次性伤残就业补助金是指职工因工致残被鉴定为五级至十级伤残的，经工伤职工本人提出，与用人单位解除或者终止劳动合同关系的，以及工伤职工因工伤残鉴定为七级至十级伤残的，劳动合同期满终止或本人提出解除劳动合同的，由用人单位一次性支付的伤残就业补助金。

一次性伤残就业补助金的具体标准由各省、自治区、直辖市人民政府规定。

3. 工伤停工留薪期的工资

工伤停工留薪期的工资是以职工因工作遭受事故伤害需要暂停工作接受医疗。职工在停工留薪期内，原工资福利待遇是不变的，由所在用人单位继续支付。

停工留薪工资按原工资标准计算，具体见表7-6。

表7-6　停工留薪期的工资计算

计算依据	计算标准
发生工伤前在用人单位工作已满12个月	按工伤前12个月应发工资的月平均工资计算其原工资标准
发生工伤前在用人单位工作未满12个月	按工伤前实际工作月数应发工资的月平均工资计算其原工资标准
发生工伤前在用人单位工作未满1个月的	按合同约定的月工资计算其原工资标准
尚未约定或无法确定原工资额度的	按不低于本市职工上年度社会平均工资的60%计算其原工资标准

4. 工伤护理费

工伤护理费分为工伤治疗期间发生的护理费用和工伤职工已经评定伤残等级并经劳动能力鉴定委员会确认需要生活护理的费用。

治疗期间的护理费按护理需要的人数计算，根据护理天数确定护理费金额；数额由企业按照当地标准支付。同时，停工留薪职工因工伤需要护理的，其费用由所在单位负责。

工伤职工已经评定伤残等级并经劳动能力鉴定委员会确认需要生活护理的，由工伤保险基金按月支付其生活护理费。

5. 工伤员工治疗期间的交通费

用人单位需要承担工伤员工工伤治疗期间的公共交通费用。交通费是因工受伤人员及其必要陪护人员因就医或者转院治疗时发生的费用，不包括其他人的交通费用。

6. 一次性工亡补助金

一次性工亡补助金是指职工在因工死亡的情况下，按照规定的标准，从工伤保险基金中对其直系亲属支付一次性经济赔偿。此外，在一些省份还规定，员工发生工亡属于生产安全事故的，用人单位还应当支付生产安全事故赔偿金。

7.6.2 竞业限制人员对应的一些成本支出

竞业限制是通过对劳动者自由择业权利进行一定程度的制约来保护商业机密的一种方式。对于企业的在职人员来说，竞业限制属于默认的法律义务；对于离职人员来说，则必须遵守竞业限制协议的相关约定。

竞业限制一般是以用人单位支付一定的经济补偿为代价，来要求离职人员遵守相关的商业机密。《中华人民共和国劳动合同法》指出：用人单位与劳动者可以在劳动合同中约定保守用人单位的商业秘密和与知识产权相关的保密事项。对负有保密义务的劳动者，用人单位可以在劳动合同或者保密协议中与劳动者约定竞业限制条款，并约定在解除或者终止劳动合同后，在竞业限制期限内按月给予劳动者经济补偿。劳动者违反竞业限制约定的，应当按照约定向用人单位支付违约金。

劳动者竞业限制补偿金标准一般按劳动者在劳动合同解除或者终止前12个月平均工资的30%计算，月平均工资的30%低于当地最低工资标准的，按照《中华人民共和国劳动合同法》的要求履行最低工资标准支付竞业限制人员经济补偿金。

竞业限制是建立在诚信基础上的，用人单位只需要对有必要的个别岗位设置竞业限制，同时要按时发放相关人员与该岗位收入、违约金相适应的补偿金。

【HR说】高管薪酬结构的管控

高管薪酬在企业的薪资板块中有着非常突出的地位。企业高管享受高薪酬是理所应当的，但是企业高管不能只享受优渥的薪酬，还要为企业经营做出成绩，对企业绩效提升发挥重要作用。

说到高管薪酬，先来了解一下高管薪酬的结构，也就是高管薪酬由哪些部分组成，如图7-2所示。

工资	·与高管业绩无关的固定报酬
奖金	·根据当年的企业经营业绩提取一定的奖励性报酬，当高管达到一定业绩目标时可获得
长期激励性报酬	·主要是股票和股票期权等形式，一般在若干年后可以实现

图7-2　高管薪酬的结构

从高管薪酬的结构来看，高管薪酬与普通员工薪酬的差别，主要是激励薪酬（包括短期激励奖金和长期激励股权）和各种职务相关补充福利。同时，这样的薪酬结构下，高管薪酬还有年薪制和非年薪制的区别，见表7-7。

表7-7 年薪制和非年薪制高管薪酬

高管薪酬 制度	具体结构		其他福利待遇
	固定工资	绩效工资	
年薪制	年薪的40%~60%，固定按月发放	年薪的40%~60%，可半年结算	业务提成、超额奖励、各种福利、各种补贴、长期股权激励
非年薪制	依据本岗位内的绩效考核比例，固定按月发放	依据考核按月发放，年终根据目标完成计提年度目标奖励	

在了解高管薪酬的基础上，企业还需要从以下几点着手有效进行高管薪酬的管理。

1. 加强高管在劳动合同签订上的管理

企业应当在规章制度中对高管的权利与法律责任进行明确规定。同时，在聘用高管时，应当将权利义务（劳动报酬、工作范围、劳动时间等）等约定，写入劳动合同。

2. 加强对高管权利的监督

通过设置监督管理委员会等，加强对高管在执行公司职务时的监督，避免高管滥用权利。

3. 建立合理的激励制度

激励性报酬是高管薪酬的主要来源，而且很多企业都用突出的激励性报酬来吸引高管人员。不过，激励性报酬的制订要有一定的科学性，能够体现出企业精神与企业文化，使高管人员能够有一定的竞争意识，从而促进企业的健康发展。

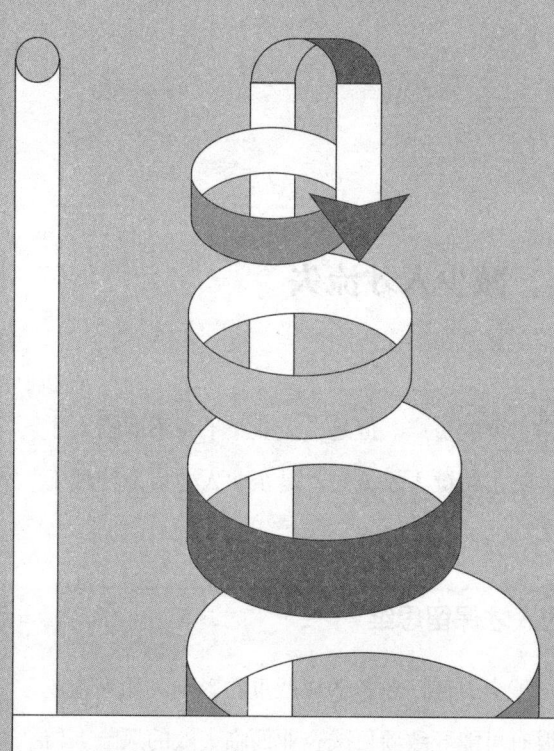

第8章

有效的人才保留措施 降低人力资源成本

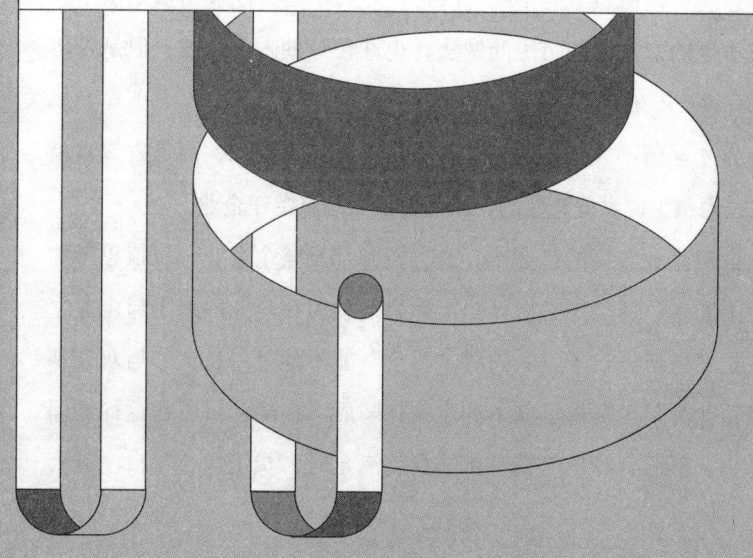

　　人才保留是企业用人过程中的关注点。人才保留的目的是留住企业的关键员工，但是要实现人才保留，企业除了要在员工有离职动机时及时采取措施之外，在日常人才管理环节中，企业也需要投入一定的精力来降低关键员工的流失率，让其为企业持续发挥效力，从而节约不必要的人力资源成本。

8.1 人才保留思维，减少人才流失

对企业来说，人才是非常重要的资产。但是，企业又不得不面临人才流失的风险。保留有效人才，防止关键人才流失，是企业人力资源管理工作中的重要任务。

8.1.1 从员工出发的人才保留思维

一个核心人才的离开，可能会对部门业务造成严重的影响。如果企业的大部分核心人才流失，则很有可能导致项目或企业面临失败的风险。留住核心人才是许多管理者和经营者非常重视的问题。不过，要留住人才，企业的管理者和经营者还要理解人才保留的思维。

人才保留，并不是简单的不让员工离职，而是对员工愿意留在企业的追求。例如，我们为了不让员工离职，可能会通过问卷等形式来了解员工对企业的满意度，根据员工的不满，改进企业的不足，以吸引员工留下。这种通过找不足的方式留住员工的做法，也许在短期内会有效，但是否可以保证长期有效就不确定了。

所以，人才保留不完全是通过弥补不足不让员工离职，而是去探索员工想要什么，为员工提供他想要的，从而让员工愿意留在企业。

所以，面对企业较高的离职率，人力资源部及整个企业，应该思考的不是让员工不要走，而是怎么做让员工愿意继续留在企业。员工与企业之间，有点像是"搭班过日子"，这种"日子"能不能过得长久，与双方都有关系，当企业为员工提供了基本的生活保障后，还能让员工在这样的保障下过得开心、舒服，物质与精神都能得到满足时，员工也会尽自己最大的能力来服务企业，以持续地获取这种满足感。

8.1.2　在心理契约层面留住人才，降低离职成本

员工与企业之间的契约关系，表现为劳动契约和心理契约，如图8-1所示。

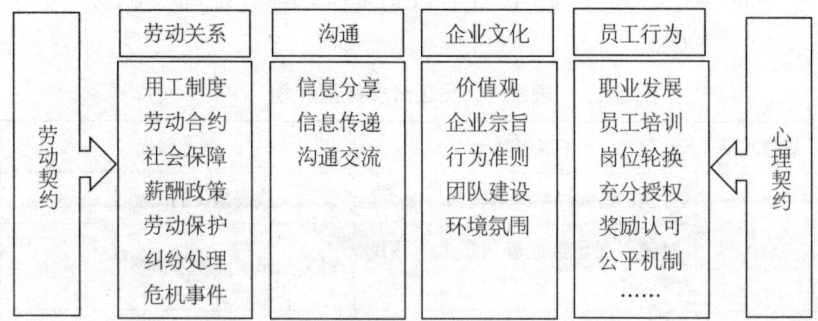

图8-1　员工与企业之间的契约表现

企业要想实现人才保留，还需要从心理契约层面多做努力，因为心理契约中的这些项目，都是一些激励因素，能对员工产生有效的激发作用。所以，企业要通过激励因素留住员工的心，这样员工才会自愿留在企业。

在心理契约层面，为了降低因员工离职给企业带来的成本问题，企业可以采用以下方法，在企业文化、环境、制度、法律层面进行改进，用更多的激励因素刺激员工愿意留在企业。

（1）关心员工的成长，为员工适时地提供学习、培训及职业发展的机会，使员工个体的职业发展与团体发展齐头并进。

（2）适时地调整薪酬水平，与市场薪酬水平保持一致。可以实施差异化的薪酬策略，灵活运用特殊奖励体系，让长期激励成为品牌。

（3）扩充企业福利，做到人无我有，人有我优，实现弹性福利和福利的可视化。

（4）加强企业文化与团队建设，营造有趣、有温度的工作环境与氛

围，促使员工对企业产生归属感。

（5）改善管理员工的工作方式，维护上下级之间的良好工作关系，建立有效的内部沟通机制，让员工对管理者产生认同感，降低管理失误带来的成本。

（6）依据核心员工和绩优员工的个性化需求，编制分类保留计划，见表8-1。

表8-1　员工分类保留计划

绩效水平	不容易替代	容易替代
A类	性质：造成严重的损失流动	性质：造成损失的流动性
	对策：保留或发展该员工，寻找继任者	对策：保留或发展该员工
B类	性质：造成损失的流动	性质：是否有利视流动成本而定
	对策：保留并寻找继任者	对策：保留
C类	性质：短期损失但长期有利的流动	性质：有利的流动
	对策：提高绩效或者辞退，尽快寻找替代者	对策：提高绩效或辞退

（7）对主动离职的员工，及时启动挽留程序，展开离职面谈。确定离职原因后，寻找解决办法，降低员工离职率。

8.2　利用储备人才库，为企业留住外部人力资源

在市场竞争日趋激烈的当下，企业业务扩张也日趋明显，人才成为企业战略决胜的关键，所以，企业不仅要有发展战略，还要有人才战略，而

人才战略的实施过程中，储备人才库建设起着至关重要的作用，这对企业有效留住和使用外部人才提供了便捷和保障。

8.2.1　建立储备人才库的必要性

对于企业来说，建立发现人才、培养人才、使用人才的长效机制，将能干事、肯干事、干成事的优秀外部人才集合起来，构建属于自己的储备人才库，利用储备人才库的人力资源为企业价值创造发力，是企业发展过程中非常有必要实施的一项工作。

所谓储备人才库，其实就是将人才市场上对企业发展有利的关键人才集合成一个人才信息库，并通过合理的区分和管理，让这些人才库中的关键人才能在企业需要时及时补充到企业的人才队伍中。

储备人才库的建立，要按照一定的人才标准、入库条件和程序，遴选出具有较强专业优势、特长的专业人才集合。这样，企业在招聘活动中，尤其是招聘一些关键岗位的任职人员时，在同等条件下，可以优先考虑录用储备人才库中的专业人员。

企业发展，百年大计，人才为先。储备人才库是企业有效预防人才流失和补充企业员工的后备力量，对确保企业人力资源稳定有重要的作用，可以及时地填补企业的岗位空缺，满足企业更换人才的需要，有效应对企业内部人才结构的调整。

8.2.2　通过储备人才库实现外部人力资源的管控

利用储备人才进行外部人力资源的管控时，首先要对外部未入职人力资源进行分类；其次，利用各类外部未入职人员的特征，采取相应的管理措施，以实现储备人才的管理。

一般地，HR会通过外部人力资源的简历信息，将外部人力资源分为A、B、C、D四类，然后实施有针对性的人力资源管理措施，见表8-2。

表8-2 简历筛选对外部未入职人力资源的管理

人才分类	划分标准	管理措施
A类	简历对应的候选人与企业招聘岗位的需求非常符合	先给这类人才面试的机会。在面试通过后,企业优先录用这类人才;面试未通过时,注明原因,根据与岗位的匹配程度,有选择性地加入企业的储备人才库
B类	简历对应的候选人与企业招聘岗位有一定的匹配度,但是匹配度较小	可以考虑给这类人才面试的机会。将面试通过,但候选人没有选择企业的,或候选人虽然没有通过面试,但是候选人整体素质不错的人才,纳入储备人才库
C类	简历对应的候选人与企业招聘岗位基本不符合	暂时不安排面试,但可以暂时将这类人才纳入储备人才库
D类	简历对应的候选人与企业当前或者未来一段时间的所有岗位都不符合	不用将这类人才纳入储备人才库

通过简历筛选和面试淘汰,企业的储备人才库中会有A类、B类、C类三类人才的简历,其中,A类、B类人才是经过面试筛选后,基本符合岗位条件但未入职的潜在人才;C类人才是还未进行面试,留待后期可以使用的储备人才。

对于储备人才库中的A类、B类人才,如果对应一些高层级的岗位,企业可以和他们保持一种"弱连接",即让招聘专员利用节日的问候与他们保持一定的联系,甚至可以邀请这些人参加企业举办的一些小型聚会、论坛等活动,以增加与这部分人才的亲密度,为后期的人才补充奠定基础。

8.2.3 有效保留已离职的人力资源

企业的储备人才库中,除了可以保留未入职的人才之外,还可以保留已离职的人才。在储备人才库中保留已离职的人才信息,通过与已离职人才建立联系，企业可以吸收和使用这些人才所附带的资源。因此，我们可以通过以下方式留住人才。他们所附带的资源仍然可以吸收和使用。

（1）建立离职人才智库，并定期更新人才信息。

（2）与离职人才保持良好的关系，保持沟通状态。

（3）与离职人才分享企业近期的发展及取得的进步。

（4）在条件允许的情况下，还可以为离职人员打造创业孵化器，支持他们的创业活动。

8.3 防范员工离职带来的潜在风险

对于企业来说，一名员工的离职，可能会给企业带来超过离职员工薪水1.5倍的替换成本。对于普通员工，替换成本可能会更低一些；而对于一些核心人才甚至关键人才，他们离职带来的替换成本会更高。最紧要的是，员工离职除了这些可以预测的成本之外，还存在一些潜在风险。

8.3.1 防范员工离职带来的岗位空缺风险

当员工突然离职，且企业没有必要的人才储备时，非常容易造成岗位空缺现象的出现。而且这种突然发生的离职情况，在进行岗位交接时还可能会因为准备不充分而滋生一些无法预料的风险。所以，为了应对这种突然出现的员工离职岗位空缺风险，可以通过以下措施来加强防御。

1. 做好员工离职的提前预防

企业要做好人才梯队的建设，对各个岗位的离职风险进行评估。对于关键岗位，要建立后备人才库，并在日常工作中对后备人才进行相关岗位能力的培养。同时，加强企业的制度建设，对关键岗位的人才在入职时就在合同中对相关离职事项进行约定，例如从提出离职到正式离职的时间、详细的工作交接内容等。此外，还可以对违反约定的行为进行违约责任的明确。

2. 规范员工离职流程

企业要建立规范的员工离职审批流程，规定离职确认人是谁、审批人是谁、监督人是谁，并明确他们的职责。

3. 对离职人员的离职迅速做出反应

当相关人员有离职意向时，用人部门、人力资源部要迅速做出反应。如果离职人员离职意愿明确，那就需要做好工作交接的准备，为工作交接准备充裕的时间，以确保交接工作的完整性。

8.3.2 防范员工离职造成的关键信息泄露风险

当掌握企业技术资料、商业秘密的人员离职时，可能会给企业带来一些关键信息泄露的风险，从而给企业造成重大影响。为此，企业要从以下方面做好应对，防止关键信息泄露的事情发生。

1. 在物质与精神层面留住关键人才

为了不让掌握企业关键信息的人才离职，企业可以通过增加物质福利和精神福利（股权激励、定期分红、购置房产、岗位晋升等）来吸引这部分人才继续留在企业。

2. 在流程和制度上将企业的核心竞争力分散

企业可以根据价值链和流程工序等，将重要的关键信息分散到不同的生产流程中，让企业的关键信息掌握在关键环节的关键人才手中。

3. 利用团队内化组织的核心能力

由团队来进行一些核心产品的技术研发等工作，并将所有研发过程中的文件资料全部移交到企业档案室做好保管。

4. 法律手段实现企业信息的保护

通过与企业核心人才签订竞业限制协议来保护企业核心信息不被泄露。

8.3.3 防范员工离职导致的客户流失风险

当企业一些直接面向客户、与客户接触较多的人才离职时，往往会带走企业的一些客户资源，在一线销售岗位上，这种情况特别常见。企业在管理面对客户的岗位人员时，要避免只看重业绩的粗放式管理。针对客户流失风险，企业可以采取以下管理措施。

1. 注重企业的品牌建设

当企业自身的品牌有一定的知名度、美誉度时，将会有更多的客户选择与企业合作，这样就能避免一些客户随着业务员的离职而发生变动。

2. 实施客户关系管理

企业要建立好客户档案和数据库，由企业统一进行客户管理。

3. 建立并实施轮岗制度

为了避免业务员长期负责某一区域的客户或某一类客户，企业可以实施阶段性的轮岗制度，让不同岗位的员工都能有直接面对客户的机会。

8.3.4 防范员工离职带来的团队士气受损风险

在企业中，一些关键人才由于具有领导魅力等因素，往往在企业中会形成很强的感召力，在其所在的团队中，往往会有一些志同道合的员工，如果这样的关键人才离职，会给企业中的一些员工造成心理冲击，对企业凝聚力的维持产生影响。此外，还有一些关键岗位的负责人等离职时，甚至会将整个部门、整个团队的成员都带走，这会对企业经营造成重大影响。为了预防员工离职给企业团队带来的士气受损风险，企业需要提前采取以下措施。

1. 在招人、选人环节提前做好把控

企业在招人、选人阶段，最好选用不同背景的员工，让具有不同潜质、价值观、经历的员工进入企业，实现员工的多元化管理。

2. 做好企业文化建设

通过对企业文化的丰富和创新，丰富企业的员工生活，让员工能够与企业之间产生感情。

3. 做好员工的职业生涯规划管理

企业要适时地为员工提供培训，让员工不断更新知识、不断进步，从而更认同企业。

4. 与员工保持沟通

企业相关负责人要与有关键人才离职的团队成员保持沟通，以稳定团队人心。

【HR说】HR在离职率和人才保留方面的抉择

低离职率在普遍意义上能够节约企业的人力资源成本，但在实际的人力资源管理工作中，并不是要一味地追求低离职率来节约企业的人力资源成本。

例如，HR总是通过满足员工的一些要求来挽留人才，但是通过这种做法最终留下来的人才，有可能会变得越来越低效、突出表现消失等，那么这样的低离职率人才保留举措就显得不够合理。

所以，在面对企业的离职率时，不是将这个数值管控到一个最低的范围内，也不是将所有存在离职意图的员工都留下来，而是将最有效、最有用的人才保留下来。HR要保证的不是企业人才队伍的数量，而是人才队伍的质量。

在职场中，有这么一类员工，他们工作态度好、待人热情、团队意识强，但是能力却不尽如人意，这类员工被称为"小白兔"。"小白兔"对企业的价值贡献非常小，他们喜好待在舒适的位置，追求更安逸的工作，不愿意做有挑战性的工作；与那些有更高追求、有冲劲的员工相比，"小白兔"的稳定性似乎非常好。不过，根据实际经验发现，越是那些能力突出的员工，离职的倾向越明显，这可能跟他们更愿意凭借自己的能力追求更优秀的团队和平台以实现更高的价值有关。

实际上，人才保留不是不让员工离开企业，而是对员工进行优化，将优秀的人才留住。而要实现这一目标，就需要HR及用人部门对企业的人才质量进行盘点，合理地优化企业中的"小白兔"，留住那些爱岗敬业、勇于承担责任、积极主动、高效执行、注重细节、敢于创新、持续学习的优秀人才。

追求低离职率是保持企业人才队伍稳定的关键，但并不是越稳定的人才队伍越适合企业，HR要注意到这一点，并能做好抉择，以保证企业人才队伍的质量满足企业的发展需求。

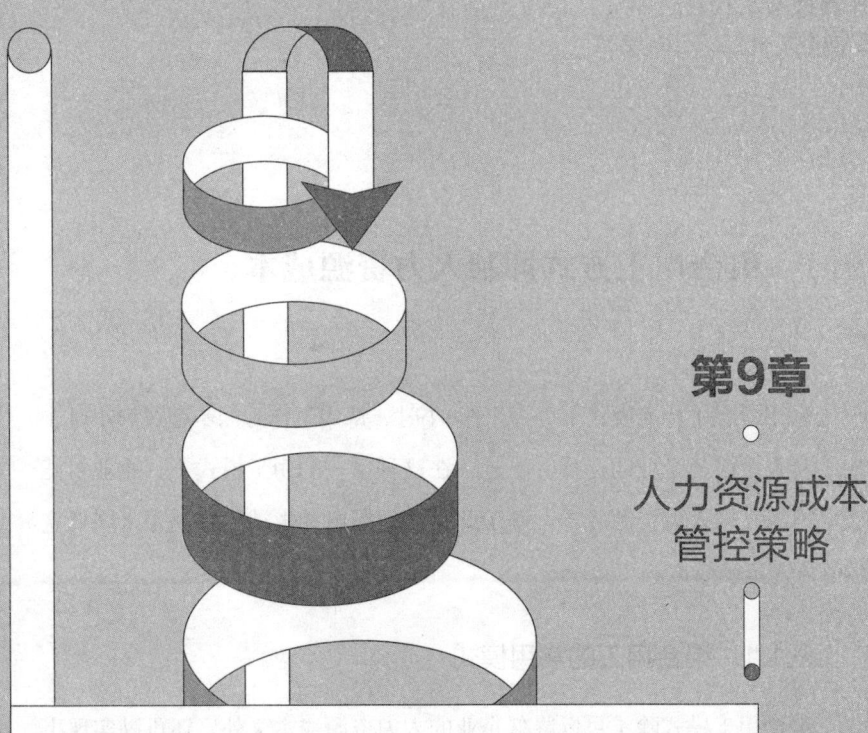

第9章

人力资源成本
管控策略

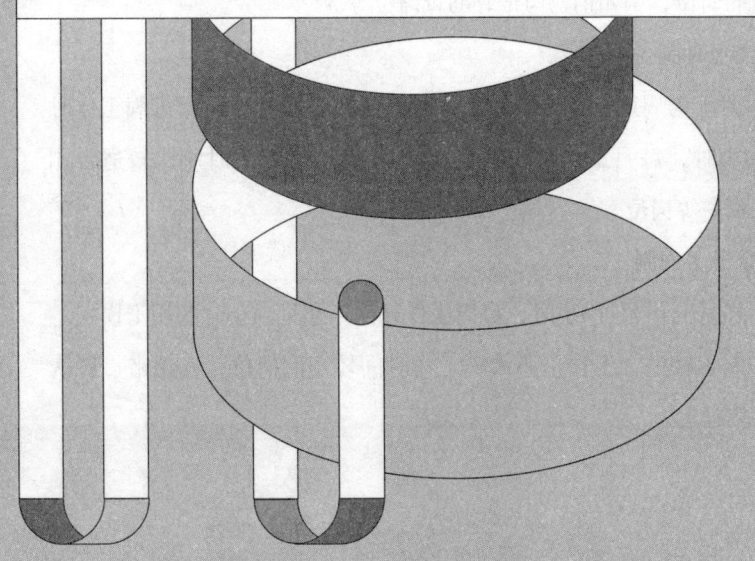

　　人力资源使用成本的上升，不得不让组织积极地探索人力资源成本管控的新策略。正是因为如此，在组织实施人力资源成本管控的过程中，逐渐积累了一些实用而有效的人力资源成本管控策略，企业可以根据自身的人力资源使用情况，以及人力资源规模等，来选择有利于组织人力资源成本管控的策略。

9.1 组合用工方式抑制人力资源成本

采用常态（标准模式下每天工作8小时，每周工作时间不超过44小时）用工模式是很多企业的选择。不过，在这种单一的用工模式下，企业可能会承担较高的人力资源成本。基于此，人们提出并尝试组合用工来降低企业的人力资源成本。

9.1.1 组合用工的常用模式

组合用工模式除了可以降低企业的人力资源成本之外，还可以实现事适其人、人尽其才、才尽其用、人事相配等目标。对于企业来说，除常态用工模式之外，还可以采用以下用工模式。

1. 不定时工作制

没有明确工作时间的用工模式。不定时工作制比较适合工作成果无法用时间衡量的岗位，例如销售岗位、勘查岗位等。

2. 综合工时制

以周、月等为周期，综合计算工作时间的用工模式。通常每周工作时间不超过40小时，每月工作时间不超过174小时。综合工时制比较适合司机、保洁、保安等岗位。

3. 非全日工作制

每天工作时间不超过4小时，每周工作时间不超过24小时的用工模式。非全日工作制比较适合工作量不大、工作时间较短的岗位，在超市、餐饮等行业中比较常见。

4. 劳务派遣用工

劳务派遣企业与用工单位之间签订服务合同，由劳务派遣企业派遣劳动者到用人单位工作，用人单位支付服务费，劳务派遣企业支付劳动者报酬的一种用工方式。劳务派遣用工模式比较适用于对技术要求不高的基础性工作岗位，例如保安、保洁、司机、普通安装工等。

5. 劳务外包用工

常见的劳务外包分为生产外包和岗位外包。生产外包也叫制造外包，是指企业将某部分生产环节委托给外部优秀的专业化人力资源，达到降低成本、分散风险、提高效率、增强竞争力的目的；岗位外包是指用工单位将某类岗位的人力资源管理工作全部外包给第三方的人力资源机构，用工单位只负责用工。劳务外包用工模式比较适用于工作周期短、技术要求较高的工作项目，例如一些产品的研发等。

6. 退休返聘用工

企业续用达到退休年龄、办理完离职手续员工的用工模式。退休返聘用工模式适用于具有稀缺性并能为企业带来较大价值的退休员工，例如技术骨干、管理干部等。

在了解用工模式的基础上，企业就可以根据自己的岗位划分及需求组合使用不同的用工模式来填补岗位空缺，以节约人力资源成本。

9.1.2　外部人力资源企业的选择技巧

当企业采用多种用工模式时，不得不涉及选择外部人力资源企业的工作。因此，HR还需要掌握一定的外部人力资源选择技巧，见表9-1。

表9-1　外部人力资源的选择技巧

选择标准	具体内容
看资质	看人力资源企业是否有营业执照、人力资源服务许可证、劳务派遣经营许可证，以及通过专业权威的人力资源从业相关认证
看实力	用人单位要通过与市场人力资源企业的比较，来衡量人力资源企业的综合实力，选择实力强、声誉好、规模大、经验丰富的人力资源企业
看地域	有一些人力资源企业专注于某一个领域，这类企业在特定领域往往拥有比综合性人力资源企业更好的专业能力和管理能力。当用人单位需要寻找某一领域的人力资源时，可以考虑这种专业性强的人力资源企业
看经验	成立时间越长、服务客户越多的人力资源企业，经营管理经验往往越丰富。所以用人单位在选择人力资源企业时，可以关注这些经验丰富的企业
问客户	用人单位可以直接通过人力资源企业服务过的客户来了解人力资源企业，在了解该企业服务过的客户的真实感受、综合评价等的基础上再来决定是否选择这家人力资源企业

9.2　提升人力资源素质，构建人力资源素质模型

随着人力资源管理工作的进步，无论是企业，还是HR的实际工作中，越来越重视人力资源素质的表现。因而，在当下的人力资源管理工作中，削减低素质员工的做法开始减少，相反，各种形式的员工素质提升方式逐渐被应用。

9.2.1　人力资源素质提升的必要性

美国薪酬协会关于"素质"的定义是：个体为达到成功的绩效水平所表现出来的工作行为，这些行为是可观察的、可测量的、可分级的。

从素质角度来看，人力资源已不是传统人力资源管理工作中的管理对

象，也并非成本分析环节中的简单数字。所以在以人为本的现代化人力资源管理工作中，人力资源既然作为一种重要的资源，就应该把人看成是一种重要资源来管理，当作一种资本来开发利用。当然，人力资源管理的这种变化，对HR的角色扮演与基本素质提出了更高的要求，也就是HR必须有过硬的人格品质、合理的知识结构、先进的人力资源管理理念、基本的工作能力，健全的心理素质与一定的人事工作经验，才能有效胜任人力资源管理工作，从而能够认识到人力资源素质在人力资源管理中的重要性，以有效提升企业的人力资源素质。

在人力资源方面，素质是指人们用于认识周围环境事物并挑战其中的困难、自觉贡献和服务的能力。素质一般包括个人的身体素质、文化素质、能力素质、习惯素质，甚至是政治素质、思想素质，这些素质之间是不可分割的，可以表现为不同的形式，见表9-2。不过，只有这些素质共同作用在人力资源上时，才能将人力资源更好的面貌展示出来。

表9-2　人力资源的素质表现

素质		具体表现
身体素质		健康状况、体力、体能、体态、精力等
文化素质		人力资源的受教育程度
能力素质	专业能力	专门知识、专业技能和专项能力等与工作直接相关的基础能力，是工作活动得以进行的基本条件
	方法能力	独立思考的能力、分析判断与决策的能力、获取和利用信息的能力、学习掌握新技术的能力、革新创造能力和独立编制计划的能力等
	社会能力	组织协调能力、交往合作能力、适应转化能力、口头与书面表达能力
习惯素质		人力资源在多次重复活动后形成的动力趋向于定型，例如安全意识、自律程度、创新精神、敬业精神和责任感等

9.2.2 人力资源素质模型的构建

对于企业来说，人力资源在各个方面的素质表现越好，企业在员工培养方面花费的成本越小。同时，人力资源也会为企业带来更大的价值。所以，对于企业来说，打造高素质的人力资源队伍是一种追求，是提升企业自身竞争力的必要选择。因此，企业有必要通过构建人力资源模型来提升企业人力资源队伍的素质表现。在人力资源素质模型中，主要构成要素如下。

（1）角色定位与价值观：人力资源在工作中向外界展示的形象、秉承的行为原则。

（2）动机：人力资源在工作中自然而持续的想法和偏好。

（3）自我认识：人力资源对自我的看法，即员工认同的内在本我。

（4）知识和技能：人力资源在工作领域拥有的事实型与经验型信息、结构化运用知识完成工作任务的能力。

（5）品质：人力资源个性与自身身体特征对工作环境中各种信息表现出的持续而稳定的行为特征。

人力资源素质各构成要素，都决定并作用于人的行为，最终驱动绩效的产生，如图9-1所示。

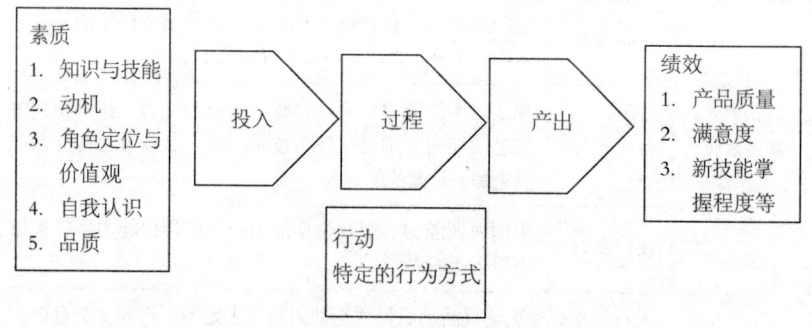

图9-1　人力资源的素质投入与绩效产出模型

那么，在构建人力资源素质模型时，基本的原理就是辨别杰出者和胜任者在知识与技能，动机、角色定位与价值观、自我认知、品质方面的差异，并将这些素质用数据加以表示，然后将数据整合、量化，从而形成可以用来对照判断素质及其相应层次的可操作体系。

基于这样的人力资源素质模型构建原理，HR就可以构建出图9-2所示的方法，构建人力资源素质模型。

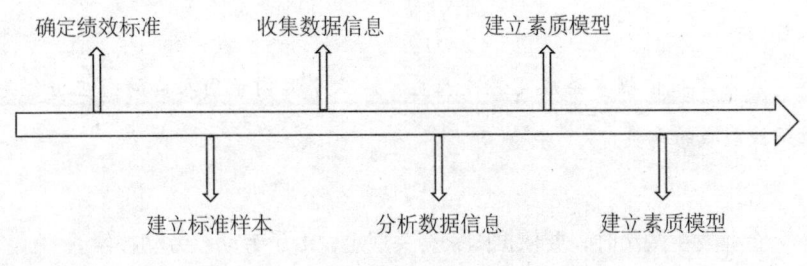

图9-2　人力资源素质模型构建方法

9.3　审时度势，合理裁员降低人力资源成本

裁员是指用人单位在法定的特定期间，依法集中辞退员工的行为。实施经济性裁减人员的企业，可以裁减因生产经营状况发生变化而产生的富余人员。裁员需要企业谨慎对待，审时度势，通过裁减不必要的员工来降低人力资源成本。

9.3.1　谨慎对待企业的裁员事件

裁员被称是最有效、最直接的人力资源成本降低措施，企业可以通过合理的裁员来精简自己的人力资源队伍，以实现人力资源成本的降低，但企业在实施裁员的过程中，要综合考虑以下问题。

1. 裁员要注意的法律问题

（1）《中华人民共和国劳动法》第二十七条有以下规定。

第二十七条　用人单位濒临破产进行法定整顿期间或者生产经营状况发生严重困难，确需裁减人员的，应当提前三十日向工会或者全体职工说明情况，听取工会或者职工的意见，经向劳动行政部门报告后，可以裁减人员。

用人单位依据本条规定裁减人员，在六个月内录用人员的，应当优先录用被裁减的人员。

企业发生裁员时，要依据国家有关规定，给予劳动者劳动补偿。

（2）出于对特殊人群的保护，以下人员不得列为裁减对象。

患职业病或者因工负伤并被确认丧失或者部分丧失劳动能力的；患病或者负伤，在规定的医疗期内的；女职工在孕期、产期、哺乳期的；法律、行政法规规定的其他情形。

2. 裁员对员工士气的影响

企业如果实行了大规模的裁员，对企业员工士气的影响可想而知，甚至让员工对企业的忠诚度产生动摇。在管理学中，员工对公司的忠诚来源于三个方面：希望在公司内获得安全感，希望在组织内有特权或有超过工资预期的回报，希望通过与领导的亲近获得在组织中的地位。如果企业的裁员工作做得不到位，那么员工的忠诚度动摇的概率更高。

3. 注意实施裁员的基本步骤

（1）提前三十日向工会或者全体职工说明情况，并提供有关生产经营状况的资料。

（2）提出裁减人员方案。

（3）将裁减人员方案征求工会或者全体职工的意见，并对方案进行修改和完善。

（4）向当地劳动行政部门报告裁减人员方案及工会或者全体职工的意见，并听取劳动行政部门的意见。

（5）通知工会。

（6）为被裁减人员办理解除手续。

9.3.2　合理有效的企业裁员之道

在借助裁员降低人力资源成本时，企业不能简单粗暴地实施裁员，而应该做好全面的统筹工作，科学、合理地规划裁员工作，保证裁员工作的每一步都能顺利进行。

1. 制定裁员决策

（1）确认企业的战略。因为裁员经常发生在企业经营遇到重大挫折等情况下，这时，企业既有的战略将不再适合企业未来的发展要求，必须在裁员决策启动时，先对企业的战略进行调整。

（2）评价员工的知识技能。在做出裁员决策之前，企业需要对员工的知识技能进行评价，以厘清员工的状态，比照企业未来的发展战略需求，以确认新团队需要掌握哪些知识及技能。同时，对员工进行评价，也能确保裁员决策更合理、更有说服力，以减少裁员决策导致的劳动纠纷。

2. 做好裁员准备，编制裁员计划

企业在编制裁员计划之前，还需要做好以下三方面的准备工作，这样才更有利于裁员计划的编制。

（1）经济准备：针对被裁减的员工，按照相关规定，发放一定的补偿金。

（2）法律准备：当企业的裁员规模较大时，可能引起法律诉讼，企业要做好相关准备。

（3）思想准备：裁员会给企业内部的转型带来较大的影响，企业管理者要有充分的思想准备。

在做好这些准备的基础上，企业就可以着手编制裁员计划及其配套计划。裁员计划主要是裁员方法、裁员标准、裁员进度安排及裁员负责人的安排等；裁员配套计划用于协助并确保裁员计划的落实与执行，主要有补贴分配计划、员工安置计划、裁员安全计划、纠纷处理计划等。

3. 宣布裁员决定

企业宣布裁员决定前，需要提前通知员工，在宣布裁员决定时，也应提前通知员工准备相关的个人资料到指定的地点进行谈话。

4. 执行裁员计划

在宣布裁员决定的初次谈话结束后，企业还可以与员工进行再次的离职面谈，听取员工的一些观点和看法。在面谈结束后，企业还需要及时与员工办理相关交接工作，及时转移被辞退员工的档案，发放补偿金等。

9.4 制度跟进，构建人力资源管理制度体系

人力资源管理是一项规范化、操作化的活动，其在一系列的操作程序、工作规范、规章制度的推动下完成相应的人力资源管理工作。企业的HR必须充分理解制度在企业人力资源管理方面的重要性，并能够配合相关的用人部门进行人力资源管理制度的制定与完善，这对规范企业的人力资源成本管控同样有帮助。

9.4.1 人力资源管理制度体系的内容

人力资源管理制度建设，是管理升级的一个重要方面。人力资源管理工作的落地，制度体系建设非常关键。同时，人力资源管理制度的完善，

与企业的发展及市场环境具有重要的联系。企业人力资源部门要结合人力资源管理工作的进步，以及市场环境的变化，及时完善企业的人力资源管理制度。

在现代化企业建设中，人力资源管理制度占据着重要的地位，企业通过编制、遵守和执行制度，可以实现依法管理员工与治理企业。在依法管理员工与治理企业的需求下，企业也要丰富人力资源制度建设。一般情况下，企业的人力资源管理制度主要表现在招聘、薪酬、绩效、培训等内容上。例如，根据企业用人的具体环节，可以将人力资源管理制度分解到具体的环节中，见表9-3。

表9-3　人力资源管理制度的分解

人力资源管理工作环节	对应的制度
识别人才	《人力资源素质测评手册》及其相关制度
招聘人才	《招聘工作手册》及其相关制度
培育人才	《培训工作手册》，主要有培训内容的规划和培训教材的汇编
使用人才	《考核工作手册》，主要是具体考核方案和业绩奖励方法
保留人才	《薪酬方案》《晋升规定》

当然，企业还可以根据自己的经营性质及员工的特点，编制其他可以有效管理人力资源的制度，以实现人力资源成本的管控。

9.4.2　人力资源管理制度体系的构建

1. 企业人力资源管理制度体系的一般框架

人力资源管理制度体系的构建，是根据计划的指导，通过调查分析、资料收集、组织编写、汇总修改、审核批准等程序而完成的，一般的人力资源管理制度框架体系如图9-3所示。

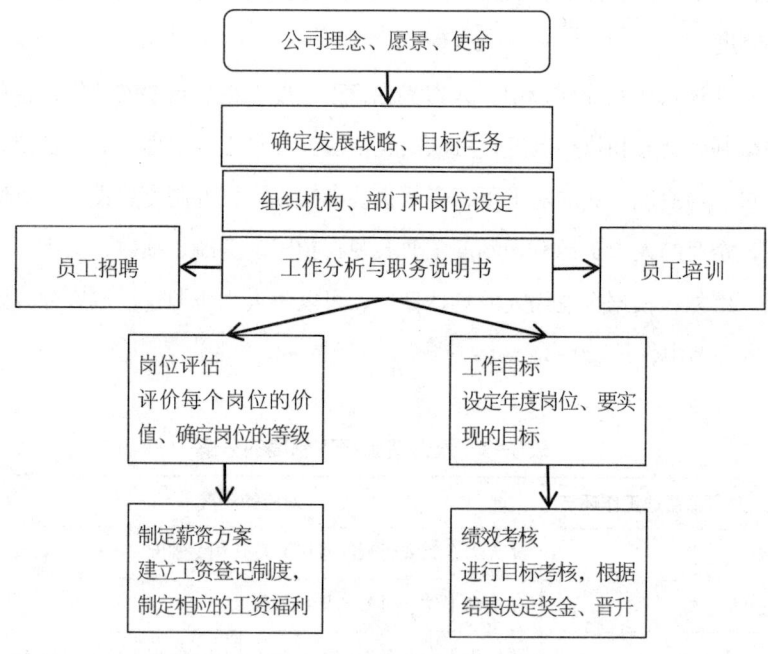

9-3 人力资源管理制度框架体系

在这样的框架体系的指导下，人力资源部就可以结合用人部门的实际情况，进行人力资源制度体系的构建，来服务于企业的人力资源成本管控。

2. 人力资源管理制度体系对企业的意义

（1）依法制定的规章制度可以保障企业合法有序地运作，将各种纠纷的发生率降到最低限度，避免一些法律成本的产生，降低企业经营成本。

（2）规章制度可以防止管理的任意性，保护职工的合法权益。

（3）有些规章制度能够通过合理设置权利、义务、责任，让员工能够预测自己的行为和努力的后果，激励员工为企业的目标和使命努力奋斗。

【HR说】从企业内部开发人才，实现成本管控

在企业的人力资源管理中，有的管理者可能存在这样一种思想："外来的和尚好念经。"所以他们会花费较高的成本来获取外部的一些人力资源，补充自己的人才队伍。其实并不一定外来的和尚都能念好经，外来的和尚出现水土不服的情况也屡见不鲜。

相反地，有些企业通过有效的育人机制，不断为自己培养优秀的高层员工。这不仅激发了企业员工整体的积极性、带动了企业绩效的有效提升，还节约了大量的人才招聘选拔成本。

因此，企业在发展的过程中，从企业内部开发有效的人才是一种非常有必要的选择。当企业有了自己培养的人才时，在用人方面会更游刃有余。

对企业来说，为自己育人、从企业内部开发人力资源并不是一件简单的事，这需要企业管理层及人力资源管理工作同步跟进。首先，企业要确保各项培训要素能与企业人力资源管理体系紧密联系；其次，企业要在此基础上根据目前及未来的需要，对员工进行开发与培养，编制不同的培训计划，采用不同的培训方法，促使人力资源早日成才；最后，人力资源部门在拟定人力资源管理总体培训计划时应综合考虑，避免培训项目与培训对象产生冲突，确保培训时间的衔接，并让培训与企业发展相适应。

培训是企业育人目标实现的根本途径，通过培训，员工的知识得到不断更新、技能得到不断提升。所以，企业应从长远发展的角度把培训作为一种战略投资，面向市场、面向世界、面向未来，建立开发培训机制。此外，企业要教育人才树立终身学习观念，创建学习型企业，营造良好的

学习氛围。当然，企业还可以通过与高校合作，让高校为自己培育优质人才，然后在实践中不断打磨人才，实现产、学、研的结合，让企业人才朝着应用型、技术型方向发展。

基于从企业内部开发人才的总体思路，企业要树立人才新理念，构筑人才开发新机制，使人才结构日趋优化、人才素质全面提高、人才作用得到充分发挥，这不仅能使企业的各项工作取得突破，还能让企业源源不断地产生优质人才，缩减人才招聘选拔的成本，提升企业的价值。